岡 山 文 庫

319

日中友好に生涯を捧げた岡山人

内山完造の世界

猪木正実

JN126571

日本文教出版株式会社

岡山文庫・刊行のことば

岡山県は古く大和や北九州とともに、吉備の国として二千年の歴史をもち、遠くはるかな歴史の曙から、私たちの祖先の奮励とそして私たちの努力とによって、現在の強力な産業県へと飛躍的な発展を遂げております。

小社は創立十五周年にあたる昭和三十八年、このような歴史と発展をもつ古くして新しい岡山県のすべてを、〝岡山文庫〟（会員頒布）として逐次刊行する企画を樹て、翌三十九年から刊行を開始いたしました。

以来、県内各方面の学究、実践活動家の協力を得て、岡山県の自然と文化のあらゆる分野の、様々な主題と取り組んで刊行を進めております。

郷土生活の裡に営々と築かれた文化は、近年、急速な近代化の波をうけて変貌を余儀なくされていますが、このような時代であればこそ、私たちは郷土認識の確かな視座が必要なのだと思います。

岡山文庫は、各巻ではテーマ別、全巻を通すと、壮大な岡山県のすべてにわたる百科事典の構想をもち、その約50％を写真と図版にあてるよう留意し、岡山県の全体像を立体的にとらえる、ユニークな郷土事典をめざしています。

岡山県人のみならず、地方文化に興味をお寄せの方々の良き伴侶とならんことを請い願う次第です。

晩年の内山完造《うちやまかんぞう》

はじめに

内山完造は、日中友好に生涯を捧げた岡山人である。みんなは親しみを込めて完造を〝老板《らおぱん》〟と呼んだ。日本語に言い直せば、おじさん、おっちゃん、大将といったところだろう。

その、人としての生き様は、実に波乱に富み興味深いものである。愛すべきそして善隣友好・人類愛の男〝老板〟の一生を追った。

まず、完造の74年の歩みを簡単に振り返っておこう。

生まれは、1885年（明治18年）岡山県後月《しつき》郡芳井町（現・井原市）。子供時代は結構やんちゃぶりを発揮、手を焼いた親は高等小学校を中退させて、大阪の商店に丁稚奉公に出す。完造12歳の秋だった。

そこでは努力の甲斐あって、破格の昇進を果たし番頭にまで昇進するが、その頃からおきまりの〝横道〟へ。味道楽、使い込みまで踏み込んでしまいクビ。人情親方に救われ再起を図るが、今度は雇い主の方がアカンたれ。

愛想を尽かし自立を決意して新聞配達員をしていたところ大転機が訪れる。完造27歳になったばかりの1912年（明治45年）1月のことである。キリスト教

完造と魯迅（1935年10月、上海六三園）
＝季刊「鄔其山」より、内山書店・提供＝

との出会いである。

教会に自ら出向き、牧師の話を聞いた後「祈って頂いて門を出る時に、私は腰の煙草入れを抜いて下水の中へポンと投げ込んだ」（「花甲録」）。煙草入れは、立派な代物で奉公時代の完造の思いがすべて詰まっているような愛用品であった。

完造はきっぱりと「私の生涯の、革命の第1日でもあった」（同）と言い切っている。ここから、新しい完造の世界が始まる。

「大学目薬」田口参天堂の出張員としての職を得た完造は、28歳で初めて中国・上海の土を踏む。1913年（大正2年）3月のことである。しばらくは出張員として各地を回り、この間、井上みき（美喜）と結婚。妻の内職仕事として、ささやかに始めたのが本屋だった。「内山書店」の誕生である。

その書店の営業方針は、日本人も中国人も一切区別差別せず、かつ誰でも信頼して〝貸し売り〟を認めるという、業界としては常識外れの手法。店内には漫談席が設けられ、日本や中国の文化人が集い談笑した。ここから魯迅や郭沫若らとの親交が始まる。書店は日中の文化人等が集まるサロンとなった。
店では当時、非合法出版物としてどこの書店も扱わないような本も「内山書店では公然と台の上に並べて売っていました。この大胆さ、この迫力、この友情彼は一向に意に介さず堂々としています」（季刊「鄔其山《うちやま》」より、作家・蕭軍《しょうぐん》）。そして、新中国の建国を目指し民族解放闘争と取り組む青年たちを支援し続けた。しかし、この交流支援も店も１９４５年（昭和20年）８月15日の日本敗戦をもって終結する。

１９４７年（昭和22年）12月、完造は強制送還される。帰国後は〝内山漫談〟で全国行脚、日中友好協会の設立にも尽力、終生、日中友好を説いて回った。

１９５９年（昭和34年）９月、訪問中の北京で74歳の生涯を閉じた。「彼は半生を中国での仕事、生活に費やし、生命の終わりも中国で、遺骨も中国の大地に埋められて…。中国人民の得難い友人、中日両国人民の偉大な友情の象徴的存在、過去そして将来にわたる中日両国人民の友情の鮮やかな道標」（季刊「鄔其山」より、同）。これに対し新中国政府は国葬にも匹敵す

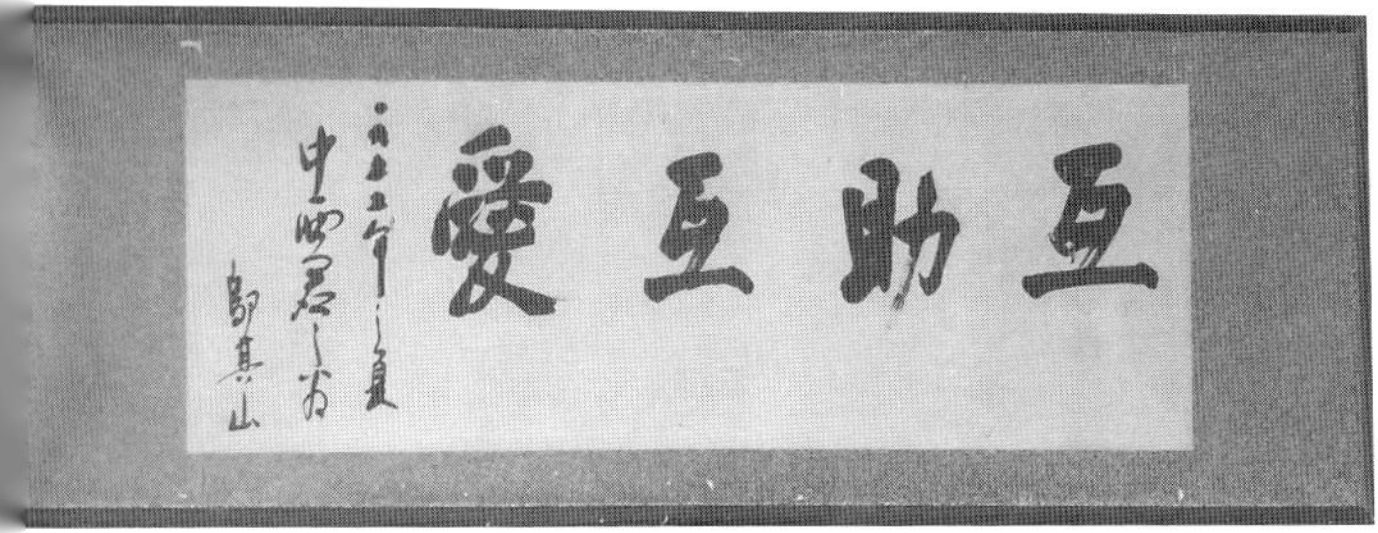

完造が中西寛治に贈った書
＝岡山市日中友好協会・所蔵＝

る扱いで功労に応えた。

政治イデオロギーとは一線を画した博愛主義者、人道主義者でもある完造は、苦楽と信仰を共にした妻・みきと共に、上海の万国公墓に眠っている。お墓は、愛し合った夫婦を一緒に祀った比翼塚（めおと塚、夫婦墓）である。

時代は、日本軍国主義がアジアに向けて侵略戦争を仕掛け、欧米列強をも相手に戦い、最後は惨めな敗戦に至る日本にとって、また中国にとっても激動期なのである。

内山家の菩提寺、成福寺《じょうふくじ》（井原市芳井町）には、完造が北京に旅立つ前、同寺で内山漫談をした肉声テープが残っている。ちょっと低く太い、品格のある語り口である。

＝敬称略＝
※完造が、号やサインとしてよく使っている「鄔其山」は、中国音の〝鄔（う）其（ち）〟と、日本読みの〝山（やま）〟を組み合わせたものである。

○目　次／内山完造の世界

第三部　脱皮、飛躍の軌跡

第四部　内山書店と日中戦争・内戦

表紙カバー：くつろぐ晩年の内山完造（1956年）
本扉写真：上海時代の完造夫妻

第一部　われ本屋の老板《らおぱん》なり

その１「このバカモン」老板、烈火のごとく怒る

日中戦争が激化してきた１９３９年（昭和14年）の半ばごろ、上海・内山書店内

「このバカモン」普段は温厚な完造がこの時ばかりは烈火のごとく怒った。昭和10年から約20年間にわたって完造と付き合い、特に戦後は日中友好運動を共に進めてきた中西寛治の話である。その〃事件〃は、要約すれば、こうである。

中西は兄弟共に中国に渡ってきており、兄は南満州鉄道系の「興中公司」上海支社の幹部だった。その兄が、たまたま上海で、学生時代の同窓で、軍の部隊長をしている中尉に巡り合った。旧友大いに飲み語り合ったのはよかったが、この中尉殿、兄から２００円の借金があった。

そこで中尉殿は、兄に「返済したいが今、持ち合わせがない。自分はちょっと面白いものを持っている。もし金になるようなら金にしてくれないか」と

持ちかけてきた。そこで〝面白いもの〟を見せてもらうと、なんとそれは孫文のデスマスクだった。30センチ角の黒い石にレリーフとして刻まれ立派なもの。中尉殿の話によると、北京市のある廟に駐屯した時、見つけたものだという。

ちょっと心配になった兄は、その中尉殿を連れて、中西弟と共に、完造の元に相談に訪れた。最初はニコニコと経緯を聴いていた完造、いきなり顔を上げて

「このバカモン、そういう日本人がいるから、こんな馬鹿げた戦争になるんだ」と、大変な剣幕で一喝。3人は縮み上がってしまった。

完造の怒りはさらに続き「君たちは孫文という人を知っているのか。孫文は中国建国の父ではないか。中国6億の民は、民族の指導者として、国父として、子供まで敬愛しているのだ」。それを、こともあろうに日本の将校が神聖な廟から盗み出し、飲み代稼ぎに売り飛ばそうというのはなんたる恥さらしか、というわけである。

これには中尉殿も真っ青になり、軍刀も取りあえず早々に退散。残った中西兄弟は痛烈に絞られたことは言うまでもない。あの当時、憲兵を怒鳴りつけるなど、拘束や死をも覚悟しなければならないほど、大変なことだったのだ。憲兵に連行され拷問死したプロレタリア作家・小林多喜二の例を見れば明らかだった。

完造はこの後、デスマスクの返還式を上海で盛大に行うのである。返還式で、中西弟は、そのデスマスクを首に掛けて歩かされたとか。

その2　3泊4日の警視庁久松署〝留置場〟体験

1937年（昭和12年）9月のことである。この年は日中戦争の発端となった盧溝橋事件（北京郊外、7月7日）が勃発。日中間には険悪なムードが漂っていた。戦火は上海にも及び、完造夫妻は、みきの療養もかねて引揚げ船「樂洋丸」で邦人避難者と共に日本に一時帰国していた。

たまたま京都から上京していた完造は、警視庁から久松署への出頭を求められた。さっそく見るからに刑事らしい男に囲まれて
「お前は中国人と日本人との子分を、６００人もってるそうだナァ」
黙っていると
「何も彼も解っているのだから、真直ぐに白状するんだよ」
「何のことか、私には解りません」
「トボケるな貴様は共産党の上海ポストじゃないか」
刑事は数人の中国人の名前を挙げたが、知らない名前ばかり。
「何かお間違いではないでしょうか。私は上海で20年来内山書店という本屋を営業している者でありまして、政治がキライで政党などにはまったく関係がありませんのですが…」
こう反論するとさらに居丈高になって
「お前が郭沫若を隠したり、黒田を逃がしたり、鹿地亘《かじわたる》を世話したりしたこともちゃんと解っているぞ」

ここで、刑事が聞きたいことは、郭沫若の日本脱出のことだと分かってきたので

「私は外国に住んでいる一日本人として、それが共産党員であっても、また国粋主義者であっても、また、中国浪人であっても、日本人で飯を一度食わせてくれと言われたら食わせます。船賃が無いので帰られないから、船賃を貸してくれと言われたら貸します。それは日本人としてなすべきことと心得てやっております。若しそれが罪になるのでしたら、私は喜んで服罪いたします」

刑事は「いい度胸だ。ナカナカ一筋縄ではいかないね…」

結局「今夜は留置場で泊まってくれ」となって、留置場の一室に入れられ鍵をガチャン、地獄の第一室だったという。これが3日続いて4日目午前10時過ぎ呼び出された。その日は刑事の態度も変わっていた。

「おはようございます。どうもご迷惑でしたね」と言われ、最後に「この4日間にあった事柄について一切他言は致しません」と誓約させられ〝釈放〟

となった。その別れ際に居丈高だった刑事から言われたのは「私たちも何時上海へ転任するかも分かりません。その際はどうかよろしくお願い致します」だった。

完造にとって初めての3泊4日の留置場体験はこうして終わった。

その3　〝泣き虫〟完造と母・直《なお》の教え

「人は一生、名は末代までじゃでのう」――。この言葉は、完造の母・直が、彼女の一生を貫いて実践してきた言葉だった。完造が12歳で家を出る時も、泣きながらこの言葉をはなむけとしている。

完造は、何時もこの言葉を聞かされ泣いている。辛い丁稚時代、奉公先の便所に隠れて涙を流す時、目に浮かぶのは「辛抱せえよ」と諭す母の顔。絶えず温かい手紙で慰めたり、激励してくれたという。完造にとって母は特別の存在だった。強制送還後のＮＨＫのラジオ番組で「自分は泣き虫で、それ

母・直
=「内山完造の生涯」より=

は母からきたものだ」と語っている。

完造兄弟の父、賢太郎は亭主関白の上、相当乱暴だったらしい。塩辛・完造は、いたずらをし、ゴザです簀《す》巻《まき》にし天井から吊るされることもたびたび。そんな時、母は「私が悪いのです。私が至らないからです。こらえてやってつかぁさい」と、父に両手をついて謝ったそう。この場面を語る完造の声は涙でふるえていたという。

丁稚時代、完造少年が〝横道〟にそれた時、母は氏神様に卵断ちして完造の無事と改心を祈ったという。それを聞いてまた涙。

完造の末弟、嘉吉も同じ思いだ。嘉吉は幼少の頃、四国・丸亀の親戚に養子に出されていた。中学5年の夏、チフスにかかり生死の境をさまよった時、母・直は初めて養家に呼ばれた。幸い命を取りとめ意識が戻った時、嘉吉の枕元には母が座っていた。そして毎日のように養家への恩義を説き、完造と同じように「人は一生――」のくだりを聞かされた。その中で覚えているのは「心だに　誠の道にかないなば　祈らずとても　神や守らん」の道歌だという。

また、上海時代の完造である。ある時、内山書店を訪ねてきて完造に苦境を訴える人がいた。中国浪人だったかもしれない。じっくり聞いていた完造は、そっと妻・みきを物陰に呼び、涙を拭いながら両手をついて「すまんが何か少しやってくれ。頼む」と頭を下げたという。みきの方が相当警戒して構えていたものの「だけど、こうして泣き泣き頼まれると、あげずにおれんじゃないの…」。

母・直は、井原町で印版商を営み、書家、儒者としても知られる荻田長三（雲崖）の長女として生まれている。学者の家の育ちらしく、和歌にも通じた才女だった。当時の女子に対する修身読本といえる「女大学」の教え一筋に育ち、実践した。哀れな人や不遇な人の話を聞くと、遠くてもトコトコ歩いて行き慰めたり励ましたりしたという。

子供に対しても、何時も対座して静かに訓戒する叱り方だった。父には、一度も口答えとか弁解がましいことを言ったことはなかった。嘉吉によると「怒りやすく乱暴なまでの父の元で、じっと耐えてきた母は長い間、泣き泣き耐えに耐えて子を育てることに努めたようです」。

この母の影響を一番強く受けたのは完造だったといえる。

その4　魯迅から「老板、褒めすぎだ」

完造は、1935年（昭和10年）、自身初の随筆集となる「生ける支那の姿」を出版した。その序文は魯迅が書いている。その喜びの模様を「序文を魯迅先生がくださった。これこそ天下一品である。私の嬉しさは天に昇る思いであった。表紙を見ただけで私の血は熱をもって湧き上がった。私の肉はピクピクと躍っている。私の顔は朱を帯びて燃えつつあるのを自ら意識できた」とある。

読者の反応も良かったようである。中国文にも翻訳されて「一個日本人的中国観」として出版もされた。

そこで、魯迅がしたためた序文である。いろいろ褒めた上で「長い間の老朋友だから少し悪口も書き添えて置きたい」と魯迅らしい言い回しで一筆。

「支那の優点らしいものを、あまりに多く話す趣きがあるので、それは自分の考えと反対するのである」。

要は中国や中国人を〝褒めすぎ〟ではないかというのだ。それに対し完造は、言下に反論している。

「いや、私は中国の優点や美点ばかり拾っているのではない。日本では余りに知られて居らんこと、またはまったく紹介されて居らんことを書いてきたのです。ところが、それが日本人には中国人の優点美点と見えるのです」

そして続けて

「もし私の書いたことがことごとく中国人の優点美点であると見えるなら、従来日本に伝えられた中国人の生活は、その反対である醜いことや劣った点ばかりが伝えられて居ったということになるのではあるまいか」。

要するに、中国人が持っている日本常識と、日本人が感じている中国常識は、大きく乖離しているということなのである。

完造ははっきりと「両国人が言っていることはいずれも、ことごとく、両国人の好いことや優れた点など一つもない。まったく劣った点と好くないことばかりである」。

もっと中国や中国人の真の姿を知ってほしいというのが、真意なのである。内山漫談は、そこを突いているから面白い。

その5 「大学目薬」のセールスマン、商売センスは抜群

完造は〝本屋の老板〟のように言われるが、なんのなんの、参天堂時代は上海出張員として大活躍しているのだ。

完造が、大学目薬の田口参天堂に入社したのは1913年（大正2年）で、その翌年の1月12日、鹿児島・桜島が大噴火した。大正大噴火といわれるもので、吹き出した火山灰は鹿児島だけに留まらず全国に降った。みんな目薬が必要になると読んだ。

ちょうど上海から業務報告に帰っていた完造は、さっそく、罹災者向けに大学目薬の寄贈を進言。1万箱の寄贈を実現させた。罹災者を大いに喜ばせ、企業イメージも上げた。この反応の早さと読みは、完造独特の感性によるものだろう。

１９１８年（大正7年）には、上海出張員として、広告費を使わず、商品を出来るだけ多く委託する営業方針をとった。これは、銀貨高騰や為替の変動、社会混乱などに対応しようというもので、この読みがずばりあたった。従来に比べて最高の契約数を獲得、各得意先にも手持ち商品がなくなるほどの売れ行きで、集金まで順調に進んだという。

その翌年も広告を減らして委託を増やし、商品を多く市場に回した。この委託数は、未曾有の数に及んだ。市中は、折からの五四運動で日貨排斥の機運が燃えさかる中だったが、小売店の利益を多くする策を取ったこともあり、委託した商品はきれいに全部売り切れた。

このように完造の商売は、商売をするその土地の状況に合わせて、素早く対応することだった。本社で考えて手を打つのではなく、あくまで地元が中心なのだ。鍛えられた浪速商人の知恵である。

こうした奮闘努力も大阪の本社からは、悲しいかな評価されなかった。1930年（昭和5年）完造は、参天堂とやむなく絶縁する。理由は〝お付き合い〟の悪さだったらしい。完造は、信仰の理由から酒も煙草も止めていた。お付き合いの料理屋通いも絶対しない。そして聖書を愛読書に宗教を説くから、社内では浮き上がり〝扱いにくい社員〟の存在になってしまう。

こうした中で田口参天堂の創業者で、完造を採用し仲人でもあった田口謙吉が死去。その時、何の連絡も来なかったことや、株式会社化にあたって、大いなる功労者だったにもかかわらず株式の社員割り当てがいっさいなかったことなどから、完造の方から見切りを付けたものとみられる。

参天堂の出張員として中国の地を初めて踏んで以来17年間の月日が経っていた。

第二部　芳井から浪速へ、青春の軌跡

その1　〝塩辛〟坊主誕生

内山完造は、岡山県西部に位置する山あいの小さな村に生を受けた。1885年(明治18年)1月11日のことである。村は、岡山県後月郡芳井村(現・井原市芳井町)。その村の沢岡地区に内山家はあった。

芳井村は、足次《あすは》村と芳水《よしみ》村とが合併してできた村で、その後も合併を繰り返し、芳井町となり、平成17年に井原市に編入合併され、現在に至っている。江戸、明治時代から、一帯の中心地は、山陽街道が通る井原町（現・井原市井原町）で、芳井村は、その井原から約4キロ北に入ったところにあった。ごく普通の山村である。

父は賢太郎、母は直《なお》。賢太郎は村会議員や村長も務めたという村の有力者。母は、井原町で印版篆刻屋を経営、学者・書家としても知られる荻田雲涯《おぎたうんかい》（長三）の長女だった。

完造の生まれた明治18年という年は、明治維新以降、日本が初めて海外で

内山完造生家跡
一八八五（明治十八）年内山賢太郎の長男として生まれ二十八歳のとき上海にわたって一九一七（大正六）年に上海内山書店を開きました。誠実かっ達な人柄が中国人の心をとらえ魯迅・郭沫若などの文化人と親交を深めました。
日中関係の最も険悪・困難な時期に、上海を訪れる日本人の案内役をし、日本の作家たちと中国文学者との交流の場を提供しました。
魯迅・郭沫若・郁達夫らとの交友を通じて真実と人道主義を追求し、日中両国の文化交流と友誼のために橋わたし役を果たしました。
戦後は日中友好・国交回復実現のために心血を注ぎ、先頭に立って活躍しました。
一九五九（昭和三十四）年、中国人民対外文化協会の招きで訪問中に北京で七十四歳の生涯を閉じ、上海に墓碑が建立されています。
平成十七年三月
井原市教育委員会
内山完造先生
生誕之地

生家跡（現在は別人が居住）

戦った日清戦争（明治27－28年）のおよそ10年前に当たる。新しい日本の国づくりがやっと軌道に乗り、富国強兵策が強調され、征韓論の高まりなどで、国民の目も海外に向き始めていた。アジア地域では、清国弱体化に付けいる欧米列強の中国進出が目立ってきていた。

田舎の山あいの町でも、都会へのあこがれや海外進出への夢を追おうという雰囲気は十分あった。完造もその一人だったのだろう。

賢太郎・直夫妻は、4男3女をもうけた。うち1男3女は早く世を去り、残ったのが長男の完造と弟2人。この末の弟が、後に内山書店を継いでいく嘉吉である。

幼少時代の完造は、ことのほか活発だった。いたずらっ子なのである。井原地方では、それを称して〝塩辛〟と呼んだ。5歳で地元の化成尋常小学校に入学。完造には、みけんに三日月形の傷跡が残っている。数人の子どもたちと喧嘩し、小刀を振り上げて追いかけ回していた時、誤って転んで自分の眉間を傷つけたというもの。塩辛ぶりは有名となり、父母や近所の人達を困らせるようになっていた。

一方で子供神楽にも熱中している。役どころはヒョットコ面をかぶって演じる〝マッタリ〟と呼ばれる滑稽者の役。多弁な上に、滑稽ぶりがうけて大人気。後の、漫談漫語、漫談行脚などに繋がる素地が、ここに見られているようだ。

1894年（明治27年）、日清戦争が始まった年である。完造は化成尋常小学校を卒業して井原町にあった精研高等小学校に進む。芳井から井原まで約4キロの道を小田川沿いに歩いて通学する。ここでも教師にいたずらを仕掛けたり、塩辛ぶりは、徹底するばかり。遂に全校生徒中の〝三幅対のひとり〟つまり、悪ガキ3人の一人と言われるまでになっていた。

井原にいる母方の荻田家親戚から大目玉を食らったのは想像に難くない。その時、狂歌として母から見せられたのは

「カンゾウ（漢方薬甘草）は　かねて甘しと聞きつるに　塩の辛らしと聞いてびっくり」。

当人も「立派な不良であったようだ」（「花甲録」）と述懐している。完造

少年の塩辛ぶりは、親族をも巻き込んで、悩みの種になってしまった。完造11歳、精研高等小学校3年のころである。

その2　いざ旅立ち、母の諭し校長の教え

それでも完造は、翌年4月には4年生に進級した。ところが、親族間の協議の結論は「学問より商売人にならせるをよしとする」となり、大阪への奉公が決ってしまった。

当時、村の食事といえば麦飯が普通で、白いご飯はお祭りの時くらい。内山家でも、父だけは常に白飯だったが、ほかの者はみんな半麦飯だった。大阪へ奉公すれば、毎日3度白飯であると聞いていた12歳の少年の胸には「大阪では毎日白飯。日々どんなに辛くても決して帰っては来ない。毎日お祭りだから」と強がりを装っていた。毎日白飯の父への反抗も心の底にはあったという。

大阪行きが決り10月14日、完造は精研高等小学校4年生を中途退学した。

母・直（左から3人目）
＝内山書店・提供＝

多賀定市校長
=「内山完造の生涯」より=

多賀定市校長が贈ったはなむけの詩である。
「男子志を立て郷関を出ず
〝業〟若し成らざれば死すとも還らず
骨を埋む豈に墳墓の地を期せんや
人間至る処に青山あり」
多賀校長は「いつも静かに教え導いてくださった」と完造は振り返っている。
翌15日。旅立ちの朝である。
父・賢太郎は不在だったため、母・直によってすべて準備が行われた。母が我が子の旅立ちに振る舞ったご馳走は、完造が一番好きだった白飯の汁かけ飯。横で語りかけたのは「のう、完造や、人は一生名は末代までじゃで、どうぞ御主人様によく仕えて、必ず出世して故郷へ錦を着て来るんじゃでのう」。しみじみと泣きながら、我が子に贈るはなむけの言葉だった。
この母の惜別の言葉と顔を、完造ははっきりと脳裏に烙印した。
そして午後、母や弟妹に〝勇ましく〟別れを告げて、見送ってくれる近所の人達にも挨拶し故郷を発った。この日は母の生家の井原・荻田家に1泊。大阪への土産と〝たいまい〟1円を持たされて、翌日未明、人力車で笠岡駅に出発した。人力車夫が、笠岡駅で完造少年にかけてくれた言葉は「坊はんさえならー」。これが、故郷で最後に耳にしたお国なまりの響きとなった。

汽笛一声、神戸、大阪に向かい、神戸で世話人宅に1泊、次の日に、大阪の賑わいを見ながら、奉公先の大塚為三郎商店に案内された。

大塚商店は、商人の街、浪速のど真ん中にあり、舶来の反物を扱う洋反物商だった。完造、塩辛とはいえ、まだ甘えていたい12歳の子供である。

その3　丁稚どん奮戦、便所で泣き通す…

完造は、大塚商店としては初めて雇った丁稚で、その初仕事は、まず朝起きると、のれんを掛けて戸を開ける。その後、商品にはたきをかけ、店を掃いて拭いて、ランプとたばこ盆の掃除。そして表のシックイを洗い、道路に

丁稚時代の内山完造。14歳（1899年）
＝内山書店・提供＝

水をまいて掃く。これが日課。

朝食は白粥で、得意先に注文取りに回って昼食に帰ると、温かいご飯におかず。これが完造が言うところの〝お祭り〟だった。夜は集金回り。集金日ともなると夜は10時から11時になってしまう。それでも朝は冬でも6時には必ず起こされる。

12歳の子供にとっては、甚だ辛い仕事だったといえる。そんな時、思い起こされるのは故郷のことである。母の顔が「辛抱せえよ」という。出発の時、幼い弟が柱を抱いて「ああ（兄）さん…」と手を伸ばした。そんな声が聞こえてくる。さすがの塩辛も「泣かぬ日とて無く、便所の中で泣き通した」。

そんな時、慰めになるのは、絶えず送られてくる母からの温かい手紙だった。慰められたり、激励されたり、本当に落ち着けられたという。が、完造は「遂にひと言も〝帰りたい〟とは母への手紙にも書かなかった」。塩辛の意地だろう。

ともかく、数カ月が経ち、やっと慣れてきたところで初めてのお正月。〝お仕着せ〟と称する衣服一揃いをもらい、小遣い30銭が支給された。仕事はお客の呼び込みや発送の荷造り、荷物運びと何かと忙しい。

明けて1899年（明治32年）。完造14歳のお正月。今年もお仕着せ一揃いをもらい、丁稚が板についてくる。入店時には1人だった丁稚も数人に増え、完造は最古参として、忠実な勤務ぶりは、他の丁稚の手本となるまでに。

こうして真面目に勤めていると1年で2、3円の貯蓄ができたという。このため完造は、この年、国を出る時、用立ててもらった衣服類に、1円の小遣いを付けて母に返した。そして、自ら独立独歩を宣言している。泣いて送り出した母の喜びようが伝わってくる。

自信満々の完造、15歳になる。書物も手にするようになった。中国では、欧米列強や日本軍が戦線を拡大している時期である。戦記雑誌「東洋戦争実記」を読み、戦記ものに心酔するところも。考えは軍国主義方向に向きつつあった。肉体的には、声変りし、ニキビ面となり、憎まれ口も多少はきくようになった。要は生意気になり、怠けることも覚えてきたのだ。

その4　〝横道〟へ、食い道楽、使い込み

1901年（明治34年）。完造16歳。正月のお仕着せの時、実績が認められ破格の昇進をし、煙草入れを持ち、羽織を着ることも許された。ところがその辺りから、人生は大きく〝横道〟にそれ始めた。食い倒れの大阪である。うどん屋、ぜんざい屋から始まり、スキ焼屋、お寿司屋、遂に天ぷらやウナギなどの小料理屋にまで発展。どうにも止められない。その後はお決まりのコースで、集金した店の金の無断借用。使い込みが発覚、その金額は100円にも及んでいた。郷里から父親が呼ばれ、弁償方法が話し合われた。

その場は「自ら平蜘蛛のようになって謝罪して将来を誓って」何とか首が繋がったものの、再び同じことを繰り返してしまった。その時は、店の同輩をそそのかして待遇改善を要求する連判状を作っていたことも発覚、主人の怒りを買い、とうとうクビに。

知り合いの友禅工場の親方に拾われて食客生活に入ったものの落ち着か

ず、4年ぶりに郷里の土を踏んだ。ところが、ここでも父から「外に出ることならん。恥を知れ」と叱られ蟄居生活。そんな折、父がお金をしまうところを見てしまい、心がグラッ。母のいない隙を見て父がしまったお金を引き出し、一目散に家を飛び出した。

その後は裏道を通って走りに走り約16キロの道を笠岡駅に。ちょうど神戸行の汽車が来たため飛び乗った。そして大阪から関東の横須賀まで、親戚、友人を訪ね歩くもほとんど相手にしてもらえなかった。悲嘆に暮れてまた元の友禅工場の親方を頼りにせざるを得なかった。「一切を親方にお任せします。どうかよろしくお願いします」と頭を下げた。

その親方の元で完造は、骨身を惜しまず働いた。そうしているうち、親方の世話で京都の赤野三次商店入りが決まった。11月初旬のことで、もう年末が近かった。

当てにならない親戚、世間の冷たさ、一方で親方の親切をしみじみと味わされたという。慌ただしくも激動の1年だった。

その5　苦行続きの赤野商店時代

赤野商店は、モスリン友禅の製造販売を始めたばかりの商店だった。その店の住み込み店員である。親方は、完造の同商店入りにあたって、いっさいの費用を負担し頭から足の先まで揃えてくれた。

完造も「今度こそはどんなことがあっても決して失敗してはならん。たとえどんなことがあっても赤野商店とどこまでも盛衰を共にする」と決心して出掛けたという。ところが入店してみると、この商店も主人も、とんでもない商売をする食わせものだった。

元々モスリン友禅にはまったくの素人で、製造品は不良品ばかり、当然売り物にならず大失敗。加えて主人が非常な迷信家ときて、何を決めるのも迷信。家相が悪いといって転宅する、産まれた子供の暦の相が悪いといって里子に出したり、すべてがこんな調子。完造までも迷信熱に引き込まれてしまうありさま。

商売は失敗続きで、骨董屋、便所掃除屋にも手を出し、結果、夜逃げ同然の転居ばかり繰り返す。詰まるところ「この家での私の位置は風呂焚き男から厨房のコック、家庭教師から時には家長、主婦のする仕事まで切り回しているような」状態だった。

さすがここまで来ると「どこまでも盛衰を共にする」と入店時決意したというものの、限度がある。さすがの完造も「もう御免をこうむります」と方向転換を決意した。

去る時、赤野家からもらったのは、布団上下2枚と金50銭なり。これが10年間、懸命に勤めた勤労努力への代価だった。

完造にとって余りにも長い〝回り道〟ではあったが、一方で、商売のやり方とか、人情の機微、人々の暮らしなど、学んだことも多かった貴重な時期だったともいえそう。

この年1912年（明治45年）は、完造は1月、京都教会に出向き、キリスト教に第1歩を歩み出していた。このことが、方向転換のきっかけになったともいえる。完造27歳になっていた。

第三部　脱皮、飛躍の軌跡

その1　キリスト教との出会い、過去との決別

赤野商店時代最後の頃、店にショール製造家の小谷庄三郎が出入りしていた。一度、半日ほど話し込んだところ、以後、たびたびやって来て話すようになっていた。内容は「私の信心の内容や方向とはおよそ似ても似つかぬものであることに気づいた」。

考えて見ると、何でも、お賽銭を上げて大難盗難を免れますように、とか、お供物をして病気の全快を祈るといったような〝ご祈祷〟の種類の話ではなさそうだと言うわけ。

「信心とは言わないで〝信仰〟と言うておる。実に別の世界の話であった」と完造は理解する。信仰の世界へ入る大きな流れが完造の心の中に芽生えつつあった。

1912年（明治45年）1月31日、完造27歳になったばかりである。小谷氏を促して京都教会の門をくぐった。その感激ぶりは「私がキリスト教に入

る第1日であり、私の生涯の革命の第1日でもあった」との言葉によく表れている。

教会では、牧師館で伊藤勝義副牧師の話を聞いた。その話が完造に一大決心を促した。〝何か〟を感じさせられたのだろう。門を出た時、後生大事に持っていた腰の煙草入れを抜き、下水の中に「ポンと投げ込んだ」。

煙草入れは、象牙の筒に銀の煙管、根付けは孔雀石で袋の金具は古刀の目抜き、裏座は金という立派な代物。大事に大事に使ってきたに違いない。完造がこれまで歩んできた過去との決別の瞬間だった。

以後、完造は熱心に京都教会に通うようになっていく。洗礼はまだ先である。

その2　初の上海へ一路

上海への誘いは突然やって来た。1913年（大正2年）3月10日ごろ、礼拝の後、牧野虎次牧師に呼ばれた。牧野とは、キリスト教の教育者、新島襄の直弟子で、後に同志社大学の総長となる人物である。牧師が切り出したのは、完造の仕事の問題だった。

「君は将来をどうするつもりかね」

完造「実はもう商売というものが嫌いになりましたので、これから一つ勉強でもして、伝道者になりたいと思うております」

「商売がどうして嫌いになったのかね」

完造「嘘八百を言う商売、言わねばできない商売、それが嫌いになった第一原因であります」

「嘘を言わないでもできる商売があったらやったらよいではないか。折角今日まで苦労して来たその苦い経験を生かしたらどうだ」

完造「嘘を言わいでもよい商売があるとすればやってもよいと思いますが、そんな商売があるでしょうか」

「あるよ。商売は全部嘘を言わねばできないと言うことはないよ」

牧野牧師が紹介したのは、〝大学目薬〟を商標とする大阪の「田口参天堂」

（現・参天製薬）という薬店だった。上海行の出張員を探していたのだ。「君が行ってもよいと言うことになれば紹介したい。どうだね」完造「それでは一つやらして頂きます」

そうは言ってみたものの完造、実は「嘘を言わんでも良い商売が本当にあるのか…」「売薬屋は嘘つきの代表格のように言われとるし〝薬九層倍〟とも言うし…」と、結構、不安な気持ちもなくはなかったよう。

しかし、牧野牧師の紹介だけに「私は非常に嬉しかった。その晩は一睡もできなかった」と述懐している。

翌日、新聞配達を済ませるとその足で、大阪の参天堂に急行、田口謙吉社長の面接をうけている。2、3日経って合格の通知が届き「すぐ入店してくれ」の連絡。天にも昇るほど嬉しかったという。参天堂には、上海出張員として入社した。

ことが決ると動きは速い。上海への出発は、3月20日神戸出帆の「春日丸」と決った。別れの挨拶には、各所を回り、あの赤野商店にも寄っている。出発の前日、大阪駅頭には牧野牧師も見送りに来ていた。車窓で握手して「内山君ご機嫌よう」

船は、完造らを乗せて20日午前10時、神戸港の岸壁を離れた。その後、門司と長崎で各1泊し、24日朝、上海の近海に到着した。

早朝、海を見て驚いた。"あか泥水"ではないか。船は長江に入っていたのだ。そして、見渡す限り一望千里的に際涯のない大平野にまた驚きの目を見張った。船は進んで長江の支流の黄浦江に入る。一支流に3千トン級の春日丸が自由に航行できる「怪物的偉大さ」にまたしても3度目の驚き。

ビックリしているうちに、船はゆっくりと日本の郵船会社の桟橋に接岸した。そこには、参天堂の上海代理店「日信薬房」の店員や数人の苦力（クーリー）が出迎えていた。上陸後、黄包車（ワンポーッオー）で「極めて陰気な風情」の日信薬房に行李を解いた。上海生活の始まりである。

これが、完造が大陸に印した第一印象、第1歩だった。持ってきたのは、京都を出発する時、唯一の財産だった布団を売って買った1冊の聖書と讃美

「日信薬房」前で。左端が完造（1913年）
＝内山書店・提供＝

歌、それに内村鑑三著「聖書之研究」40冊。大事な持ち物だ。28歳になっていた。

参天堂上海出張員としての完造の仕事は、参天堂「大学目薬」の広告宣伝、販売支援活動だった。大学目薬の拡販業務だ。広告活動では紙看板を貼ったり、鉄看板を取付けたり、ビラの配布など。販売支援では、販売店づくりやパーティ開催、売上代金の集金など。そのために苦力を連れて各地区を巡回していく。情報収集も重要な役割の一つだった。

当時、中国には、日本の会社がそれぞれ進出を目指して、激しく先陣争いを展開していた。その1社が参天堂で〝仁丹〟なども同様だった。

完造は、さっそく漢口、九江などを巡り上海に帰り、引き続き、富陽、厳州、蘭渓へと足を伸ばした。そしてまた上海から地方へ、といった調子。休む間もなく巡回の旅に出る。この間、完造は、中国の民衆の暮らしや風土をつぶさに見聞、後に、上海漫語といわれる漫語の〝種〟を仕入れていく。

中国民衆の様子は、すべてのことが完造にとって想像を超えた初物ばかりだった。そこに溶け込むにはどうしたらよいか。完造は考え行動に出た。

最初の漢口行きの船中で朝食が出た。お粥と副食物として油花生の油炒め、油条、醤油豆腐、塩菜など。日本人一行にとっては見るだけで甚だ「気持ち悪い」代物で、皆見つめるばかり、箸がつかない。

しかし、隣のテーブルの外国人は、持ちにくい箸を器用に持ちながらも粥をすすっているではないか。完造「なんぞ、躊躇するところぞ」とばかりに断然箸を取ってずるずるとやった。完造の日本人相棒は、遂に逃げ出してしまった。どちらが、現地の社会に早く溶け込めるか、勝負は決った。各地を回る旅で、日本人は日本旅館に泊まるものだが、完造は現地の苦力と共に中国宿に泊まった。

完造は、物笑いや滑稽な行動を繰り返しながら、中国社会、中国人民衆の中に飛び込み、溶け込んでいった。正に〝日本人苦力〟を任じた活動だった。

その3　みきとの出会い、火の出るような通信

完造にとって井上みき（美喜、美喜子は愛称）との出会いは、生涯の革命の第2章といえるものだった。　1913年（大正2年）2月のことである。世の中は、明治から大正へと移っている。日本は、日露戦争（明治37－38年）が戦勝に終わり、満州方面への侵出を強め国際的孤立への道を歩んでいた。第1次世界大戦が勃発するのは1914年（大正3年）である。

2月のある日、完造は礼拝に一人で出掛けた。後ろの方の椅子に腰を掛けて前方にふと目をやると「異様なものを見て、目を見張った」。その〝異様なもの〟とは、ストーブの近くに座っている一人の婦人の姿だった。文金高島田で大柄な紫矢絣の羽織を着ているではないか。「およそ教会においてはまったく見ることのできない」容姿だ。

東京・赤坂の名妓が京都教会に現れたのではないかと思ったとか。しかし、それはただの一度きり。その後、見ることはなかった。

みきとの婚約式、結婚式当時の完造（1915～1916年、京都）
＝内山書店・提供＝

そして約1年が経過した。完造は上海から、報告のため大阪に帰っていた。そんな時、牧野虎次牧師から声が掛かった。

昨年の〝異様な名妓〟の姿はすっかり脳裏から消えていた。完造の結婚問題についてだった。候補者も既にいた。田口参天堂社長からの依頼による井上みきだった。京都・伏見菱屋町の桶屋、井上平四郎の長女だという。牧野牧師は、彼女の一切を話した上で「こうした彼女ではあるが、君の義侠心に訴えて一つ結婚してはくれまいか」。完造とみきの愛の物語はここから始まる。

みきの身の上は数奇なものだった。父親が相場に手を出し失敗、行き詰まったため娘2人を花街・祇園に〝犠牲〟にした。そのうち、妹は病気で夭折、父の重みがみき一人に覆い被さっていた。みきは、そんな濁流生活に耐えながら苦闘している中で、聖書に出会ったのだという。

聖書を読みかけたところ、あまりに世界が違うことに驚き、詳しく知りたいと京都教会に出席した。昨年2月の礼拝で完造が目を見張った、あの〝異様な名妓〟その人だった。

完造は言下に「お引き受けしました」。

完造と井上みきとの婚約式は、1915年（大正4年）2月、京都教会牧師室で牧野牧師によって取り行われた。列席者は井上両親とみきの弟妹2人、田口謙吉の代理人と伊藤牧師夫妻。仲人は田口夫妻だった。結婚式の方は、冬に完造が帰国するのを待って実施することにした。

この間、自由に通信することとし、二人の〝火の出るような通信〟が始まり、それが約1カ年続いたという。完造は、これは信仰を堅くする論戦でもあり、自らを〝論戦の闘士〟とも表現している。

二人の結婚式は、婚約式の翌年1月9日、京都の牧野牧師の自宅で「極めて質素に」執り行われた。みきの両親と教会の役員が列席し、司祭は牧野牧師が務めた。翌朝、大阪の田口謙吉社長宅に挨拶、その翌日、新婚旅行に九州へ出掛けている。

3月、完造・みき夫妻は、晴れて二人で神戸から「熊野丸」で上海に向けて出発した。イルカの群れが船を追い〝つぼん、つぼん〟と音を立てて黒潮

新婚時代の若い二人
=「内山完造の生涯」より=

の海に飛び込んでいく壮観さは、新婚の旅行者の脳裏に、深く焼き付けられた。
完造31歳、みき23歳の船出だった。

その4　新婚生活、そして「内山書店」誕生

上海での生活は、邦人が住んでいた住居の2階を借りることで始まった。周辺を見ると、日本の「対華二十一条要求」の後だっただけに、排日運動は鮮烈であった。二人はまず「何とかして信仰生活を充実せねばならん」と毎日話し合っていた。キリスト教信者として恥ずかしくない生活をしなければならないというわけ。新婚生活からして、信仰第一だった。

考えた上の結論は、10年間で1000円貯えて、それを資本に何か商売をするということに落ち着いた。それには、生活は十分切り詰めて、決して10銭のお金も無駄に使わなかった。そのぶん、社内の同僚等との飲み会などの〝お付き合い〟にはまったく加わらなかったため、親睦を欠くと評判は良く

なかったとか。

　参天堂上海出張員としての完造の仕事は、多忙を極めていた。出張が多く、出て行くと長期間家を空けることが続いた。旅に出ている完造はともかく、留守中の新妻はたった一人でしかも初めての外地、たまったものではない。

　そこでみきは、寂しいというより、その暇がもったいない、と考えるようになっていった。ある時、完造が旅行先から帰ってみると、みきは勝手に一軒家を借りて引っ越してしまっていた。

　その家は北四川路魏盛里《きたしせんろぎせいり》にあり、後に内山書店になっていくところだ。1階は半分以上が板間、2階は11畳と台所だった。脇道から中に入り、ちょっと奥まったところにあった。さあ、どう使うか…

　その頃気づいたのが「上海には賛美歌の本も聖書も売っている店が無い」とのことだった。みきの発案は「それじゃ、それらの本を売ってみてはどう」だった。そこで、ついでにキリスト教関連の書籍いっさい合わせて、それらの本を売って見ようとなった。

初期の内山書店メンバー。前列左から2人目が片山松藻(後の嘉吉夫人)
その隣がみき、後列左から3人目が完造、後ろは中国人店員
(1928年3月、北四川路魏盛里)
＝季刊「鄔其山」より、内山書店・提供＝

間もなく東京からキリスト教関係の本が1箱送られてきた。2階の箪笥の上に並べてみたら100冊たらず。金額にすると80円程度になった。これを、1階の板の間に、ビール箱のフタを切り、2段にして机の上に並べた。露路の中に粟粒のように生まれた小さな小さな本屋だった。みきが主人の〝内職本屋〟なのである。「内山書店」の始まりはこうだった。

完造は、世の婦人問題について一つの考えを持っていた。つまり、女性が男性から圧迫されて自立できない最大の理由は、経済的独立を持たないがためである。自ら食う力さえあれば、男子の圧迫から逃れることができる。そこで人妻も必ず経済的独立を持つべきである。

みきが始めた本屋こそ、それであったに違いない。それが、当時の中国では一番の取り扱い高を誇る書店に成長していく。

その5　内山書店奮戦記、効果抜群〝誘惑状〟

上海北四川路の奥まった路地裏に開店した内職本屋だったが、キリスト教の信者から喜ばれた。聖書とか賛美歌の本など、特殊分野の書籍を扱うだけに、一般の本屋のように、表通りの繁華街に店を構える必要はなかった。口伝てで知られ、注文も入るようになり、順調に売り上げは伸びた。売り上げは、東京の仕入れ先に為替にして送金する。最初の月が84円20銭売り上げた。2カ月目は120円とすこぶる順調に伸びた。全部、店主・みきの人気によるものだった。

最初、店の存在を知ってもらおうと、古看板に白紙を貼って「知識の源泉人格の原動力」と書いて立てかけたり、「真面目な書物」「人生の糧」等と書いたチラシをべたべた貼って回った。するとお客は来たが

「本はたったのこれだけですか…」

「ハハア、これが知識の源泉ですか…」

結婚後3年。書店創立2年目の夫妻。
完造33歳、みき26歳（1918年11月、上海）
＝内山書店・提供＝

と言った調子。逆に「おのれ見ておれ」と自らにムチ打ったという。

そのうち、周辺の日本企業に勤める日本人から一般の本の注文も来るようになり、月間売り上げが５００円から６００円台にのってきた。すると、ビール箱式本棚は、20個にもなり、みき一人では手が回らなくなり、中国人の子供を一人雇い入れた。この13歳の子供が王寶良《おうほうりょ》で、敗戦で内山書店が閉鎖されるまで勤めた。

こうして日々の暮らしは倹約し、書物の蓄積に努力した結果、改装もして書店らしくはなってきた。すると
「新刊通知を出してくれれば良いのだが…」

これに応えて、謄写版刷りのチラシ案内〝誘惑状〟を考えた。半紙を半分に切って横にし、新刊と在庫品の紹介をする。それを封筒に入れて配布する。効果は抜群だった。配ったその日の午後は、必ず店は大入り満員になった。日本の医学書に対する要望があれば、医学書の扱いを増やした。

そして仕入れ先への支払いは売り上げたぶんだけ支払い、借金してまで払

恩師・牧野虎次夫妻を迎えて。
上海「内山書店」創立10周年記念（1926年9月、上海）
= 内山書店・提供 =

佐藤春夫夫妻を囲んで。上海文芸漫談会記念。前列左より郁達夫、
みき、佐藤夫妻、佐藤妹、完造。後列に田漢の姿も（1927年7月）
＝内山書店・提供＝

わない。このため入金が底をつくと東京の仕入れ先から「ゲンキンギレ　シナオクレヌ　ソウキンセヨ」の電報。「イマカネナイ　ボツボツオクル」と返電。そして売り上げが溜ると送金する。すると仕入れ先から本が送られてくる、といった調子。そのうちお客の方から

「最近一向に新刊が来ないが…」

「今、お金が無いので来ないのです」。

借金で商売はしないこれが、丁稚や番頭時代に学んだ完造の商売哲学だった。

その6　差別せずお客を信用し〝貸し売り〟

みきと完造の商売の原則は「お客様を信用する」だった。これこそ、商人にとって言うは易すし行うは難しである。

そこで、店に展示した書物は客が自由に手にとって見れるようにした。現金で払う人からはそのまま受け取る。月末計算にせよという人にはそうする。そして月末に持ってきてもらい、わざわざ集金には行かない。お客さんは、日本人でも中国人でも朝鮮人でもいっさい区別、差別をしない。中国人でもどんどん貸し売りをした。

これには、友人や本の仕入れ先から、善意の忠告が相次いだ。

「無謀だ」

「そんな経営はしてはならん。貸し売りなんてやっておっては、本屋は潰れます」

しかし、二人は止めなかった。そこには宗教上の信念があったようだ。「隣人を愛せよ」「人を愛せよ」「信じなさい」である。それでも、多少の問題は起こっていた。

盗難にも遭った。ある時、こんな手紙をもらったこともあった。「あなたが盗難に遭われたという新聞を見て、私はここに懺悔します。実は私はあな

ある朝の内山完造夫妻。
みき夫人は「朝もどりして奥さんにしかられて居る場面」とメモ
＝ 季刊「鄔其山」より、内山書店・提供 ＝

たの店に借金があるのです。あなたの帳面の付け落ちを良いことに、今日まで猫ばばを決め込んでおったのです。良心が払え払えと言いますのでここに35元をお送りします。どうかお受け取り下さい」。

こうして内山書店は、しだいに日本人の間に浸透、中国人の信頼を獲得していった。お客の3分の2が中国人と言うように、意外な方向にも伸びていた。日本人とか中国人とか朝鮮人とかいう区別をせず貸し売りをするとの経営が、広く受け入れられた証拠といえそう。二人の信仰の第1歩が「人を信ずる」「人を愛する」ことであり、その実践が「お客様を信用する」ことであったといえる。

こうして、排日運動が続く中でも内山書店はあまり影響を受けずに推移した。この経営が、漫談会や日中の文化人交流に繋がっていった。

第四部　内山書店と日中戦争・内戦

その１　中日文化交流の橋渡し役、文化交流サロン

妻・みきの内職本屋として店開きした内山書店だったが、キリスト教信者の購買や、みきの手慣れた気持ちよい接客で、早々に存在が知られるようになってきた。完造も開店３年目を迎える１９１９年（大正８年）ころから、書店の主人として重点をおくようになっていた。

商売の方式は、例によって、展示してある本は自由に手にとって見られ、貸し売りは、学生であろうと、中国人であろうと差別なく行う、という方式。顧客の中心は、教会の信者や上海読書界の人たち、そして東亜同文書院の学生たち。店主のみきは学生たちとも仲良く「おばさん、オバサン」の付き合いだった。

１９２０年（大正９年）には、完造の発案でＹＭＣＡ主催の夏季講座を始めた。日本からも有名講師を招き、特別講義をしてもらうもの。結構人気で、講師の選定や交渉などで、日本や中国のいわゆる文化人との交流が始まった。

新婚の内山嘉吉夫妻を訪ねて。
奥手が完造夫妻（1932年3月、東京・世田谷）
＝季刊「鄔其山」より、内山書店・提供＝

長崎在住時の夫妻。裏面には完造のメモがある。
「はげ56歳、白が48歳」（1940年1月9日）
＝季刊「鄔其山」より、内山書店・提供＝

牧野虎次牧師講演記念。中央が牧野（1942年）
＝内山書店・提供＝

上海「大陸新報社」の第1回大陸賞を受賞（1942年）
＝内山書店・提供＝

この繋がりで有名文化人から上海案内を頼まれたり、各種の依頼事が舞い込むようになってきた。日中文化交流の橋渡し役である。

店舗の方は、店の奥にテーブルと数個のイスを並べ誰でも座ってゆっくりできるようにした。みきが日本茶「玉露」を入れてくれる。お茶を楽しみながら〝漫談〟を、これまた楽しむ。完造もこれに加わる。

こうした漫談会が定着してきたのは、1923年（大正12年）当たりからとみられる。在上海日中文化人の交流サロンである。翌年には、従来の店の向かいに建物を確保、店舗を移している。「一流書店の仲間入りをした」と完造は書いている。

1926年（大正15年）には、当時、日本の新進作家として売り出し中の谷崎潤一郎が上海を訪れ、完造の斡旋で中国の新進文化人等と懇談、その谷崎の紹介で佐藤春夫も上海を訪問、中国の若手文学者等と交流している。谷崎の希望で完造が企画した「顔つなぎの会」には、中国側から郭沫若、田漢《でんかん》、欧陽予倩《おうようよせん》、謝六逸《しゃろくいつ》、王独清《おうどくちん》等中国で新進気鋭と呼ばれる多数の作家や詩人、演劇人が一堂に会し、議論を戦わしている。小泉信三や広田弘毅らの顔も見られる。
その時の議論の一部として伝えられているのは
郭沫若が中国の現状について「我々の国の古い文化は、西洋の文化にしだいに駆逐されていく。外国の資本が流入して、うまい汁はみんな彼らに吸われてしまう」と話すと
谷崎は「それは世界的の現象で、支那ばかりではない。まだしも支那は国土が広く、外の国よりマシかもしれない」。
郭「それは違う。日本と支那とは違います。現在の支那は独立国ではないんです。日本は金を借りてきて、自分でそれを使う。我々の国では、外国人が勝手にやって来て、我々の利益も習慣も無視して、彼ら自らこの国の地面に都会を造り、工場を建てるのです。我々はそれを見ながらどうすることもできない。日本の人にはそういう経験がないのだから、とてもお分かりにならないでしょうが…」。
中国の若者たちの悩みや苦しい胸の内、やりきれなさが伝わってくる。完

造はそんな若者たちを支援した。こうした日中文化人間の議論の輪、交流の輪は、内山書店を通じて、大きく広がっていった。

魯迅が内山書店を訪れるのは、1927年（昭和2年）であり、漫談会の広がりは一段と深まったといえる。1929年（昭和4年）には、内山書店は表通りに店舗を進出している。盟友・郁達夫をして「中国を占領しつつあるものは、日本軍部ではない。内山書店である」と言わしめたほどだった。

その2　魯迅との突然の出会い

1926年（昭和元年）当時、内山書店はまだ、開店時と同じく北四川路魏盛里という小さい路地の奥にあったが、その頃の忙しさは普通ではなかった。回顧録などによると、国民党勢に追われて魯迅は1927年秋ごろ上海に移り住んできている。その3日後、住所が近かったこともあって、ぶらりと許廣平と二人連れで内山書店を訪れたという。その時、完造はあいにく留守だった。

書

「道　鄔其山」

魯迅が用いていた格言「道は初めにあるのではない。人が歩いて後にできるものである」を引用したもの。完造が一筆求められると“道”をよく使った。

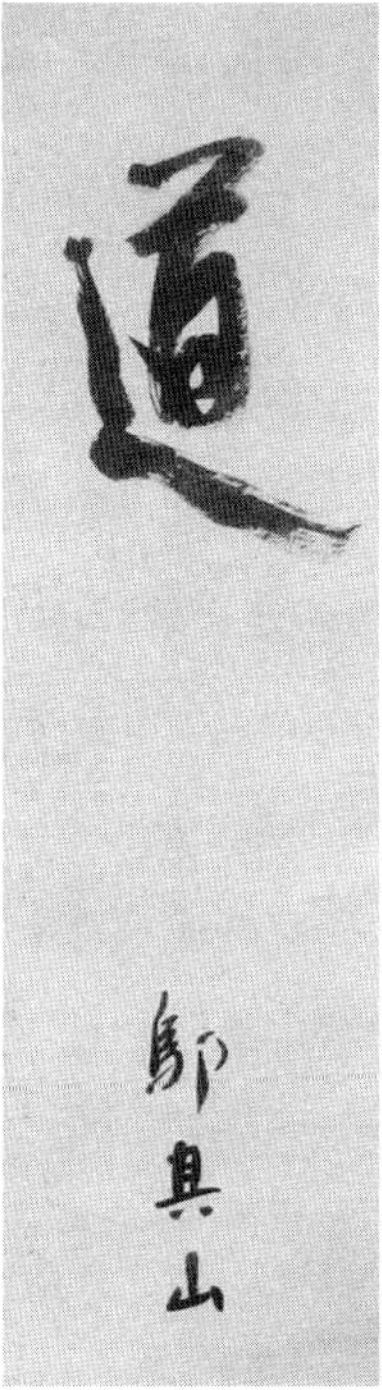

色紙

《読み方》

眉を横たえて冷ややかに対す千夫の指
首を俯して甘んじて為る孺子の牛
(千夫とは敵のこと、孺子とは人民大衆のこと。
「敵に対しては一歩も譲らないが、人民に対しては牛となって奉仕する」の意味)
魯迅の創作した詩で、完造が好んで書いた。

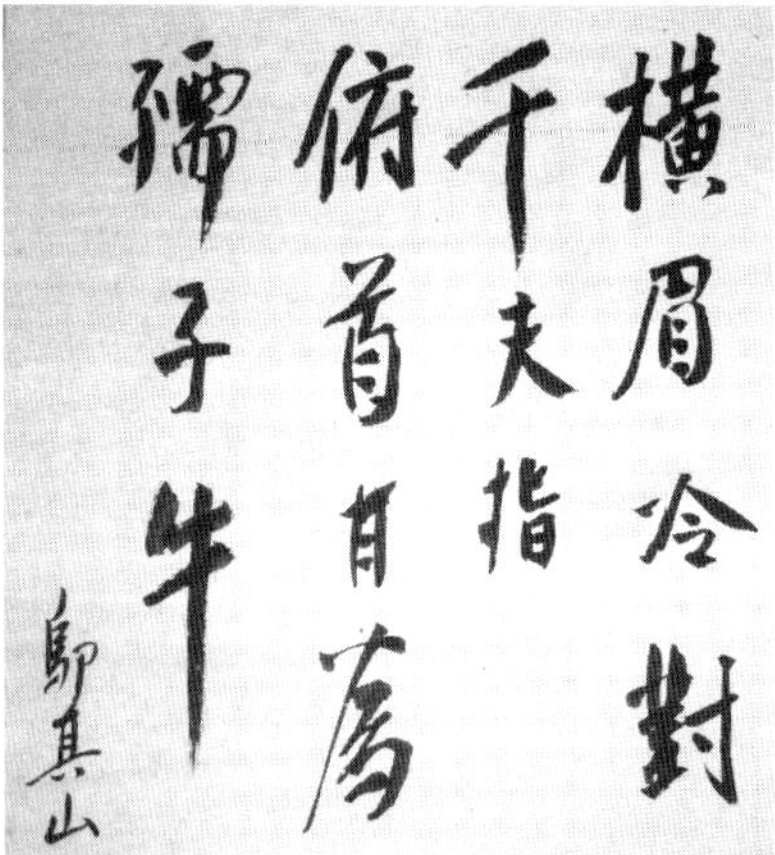

二人が店に入ってきた時、いかにも質素な身なりで、貧相に見えたのだろう。日本人店員が最古参店員の王寶良に「気を付けろ、本を盗むかもしれないから」と注意した。その時二人は4冊の本を買って帰っていった。

そして完造との出会いは2回目の来店で実現した。ある日、魯迅は一人で店にふらりとやって来て、本を色々と選んでから、ソファーに腰を下ろし、みきの入れたお茶を飲みながら煙草を一服、選び出した数冊の本を指さし、流ちょうな日本語で

「ご主人、この本をここに届けてください」

「お名前は」

「周樹人と言います」

「アア、あなたが魯迅先生ですか失礼しました」。

こうして二人の深い付き合いが始まった。

その3　魯迅一家の潜伏生活を支えた完造

１９３０年（昭和5年）3月、魯迅は国民党から逮捕状が出たため、一時、完造の自宅に避難。そんな中でも、10月には魯迅の協力を得て第1回の版画展を開いている。翌年の1月には、同様に活動していた若手作家が逮捕されたため、危機感が高まり完造の世話で旅館に移りまた約40日間、潜伏生活を余儀なくされている。

この間、魯迅は内山書店の常連客だったことには変わりなく、漫談会にも参加していた。１９３１年夏には、完造の末弟、嘉吉が上海に来たため、魯迅の要請で版画講習会を開いている。

翌年1月には、日本の軍部が関与した第1次上海事件が起こり、この時も魯迅は内山書店に避難した。その時の魯迅の気持ちは「この3年来、、確かにこの店の常連で、本を見たり話していたりしているが、その気分は上海の文人連と付き合うより安心がいく」と話している。魯迅の完造に対する信頼の程度が分かる。一方で、魯迅に会えるからといった理由で、日本の文化人たちが内山書店に出向くという関係も生まれていた。

1935年（昭和10年）には、完造の処女出版「生ける支那の姿」に魯迅はわざわざ序文を書いている。

このように魯迅と内山書店とは切っても切れない親密な関係にあった。そして、それは利害得失も、国の違いも超越した〝高潔〟な精神的繋がりがあったといえる。魯迅の死後、中国の新聞雑誌等で「私が先生の経済的一面に於いて、非常に援助したようなことが書かれたことがあった」という。

これに対し、完造はその都度厳しく反論している。

「そんなことは先生を冒瀆するものである。先生に対して私は一文半銭も援助したことはないし、魯迅先生の傑出していられる点はその点である。如何なる時にも、私に金銭を預けられたことはあったが、私からお貸ししたことは一度もなかった。恐らく苦しい時があったと想像はしたが、しかし、先生を傷つけることを恐れて私も言わなかったほどである」

と――。

その4　巨星・魯迅、逝去す。魯迅なくして完造なし

１９３６年（昭和11年）夏頃から、魯迅の病状は悪化の一途をたどっていた。この中でも魯迅は中国の民族解放闘争と懸命に格闘していた。

10月18日未明、許廣平夫人が魯迅の手紙を持って飛び込んで来た。完造が文面を見ると、文字が乱れている。明日の約束が果たせないとの連絡と、須藤医師にすぐ来て欲しいとの要請だった。急を知った完造は医師と共に魯迅の元に急行、懸命に介抱に当たり、一時小康状態になった。

しかし、介抱の甲斐なく翌19日午前5時25分、夫人や弟・周健人等に看取られながらこの世を去った。56歳だった。

葬儀は、魯迅先生治喪委員会が組織され執り行われた。治喪委員会には、内山完造、宋慶齢、アグネス・スメドレー、周作人、周健人らが名前を連ね

1936年(昭和11年)当時の内山書店。
魯迅逝去の日(10月19日)の朝、撮影
= 内山書店・提供 =

た。葬儀は、万国公墓の礼堂前で行われた。会葬者は５０００人を超えた。

完造の追悼演説は、「魯迅先生は世界的に偉大な存在であった。それ故に、先生の一言一句は実に野に叫ぶ人の声という感じであった」とし、魯迅の〝道は初めにあるのではない。人が歩いて後にできるものである〟という格言を挙げ「希くば諸君、その足跡をして雑草に覆わしむことなかれ、希くば諸君、この足跡をして大道たらしめんがために奮闘努力せよ」と呼び掛けた。

また、毛沢東も拠点・延安で不撓不屈の精神を讃えたうえで「孔子は封建社会の聖人であるが、魯迅は新中国の聖人である」と最大限の表現でその死を惜しんだ。

完造にとって魯迅との出会い、交流は、極めて大きな意味を持っている。魯迅は、共産党員でもキリスト教徒でもない。それでいて、その死は全中国を動かした。この魯迅精神と交わることによって、内山精神は磨かれた。魯迅なくして完造なしなのである。

その5 「信仰と共に嫁せいで30年」みきの死と終戦

1945年（昭和20年）1月13日、完造にとって最大の打撃が襲ってきた。最愛の妻・みきの昇天である。前日の12日に完造の還暦の祝いを共にしたばかりだった。彼女の写真の裏に「信仰と共に嫁せいで三十年」と書きとめた。その時から完造は10日間籠城して、一歩も外に出なかった。考えていたことは「吾れ何をなすべき乎」だった。

みきは上海事変の後くらいから体調を崩し、心臓弁膜症と診断されていた。このため、内地に帰り、京都市街の両親の許で静養したが改善しないため、長崎で療養したところ、見違えるように回復した。このため上海に帰ってきていたが、前年の12月31日に突然持病が再発、加えて今回は心臓性喘息も出ていた。

病状は厳しく、横臥することもできず、昼夜座ったままで、呼吸困難な状態が続いていた。完造は1月9日から店を休んだ。9日はちょうど二人の結婚30年目の記念日に当たっていた。完造は、みきの好きな大根おろしと豆腐汁を作って、久しぶりに「美味しい」と二人で味わった。

しかし、病勢は油断ならざる方向に。みきの苦痛の様は激しく、並一通りのものではなかった。「12時に昏睡してそのまま行きます」とみき。苦しそうに目を開いて「未だ30分ある…」。

夜が明けて、みきは、完造の手に額を当てたまま独り言のように細く「4時間すれば全部解消しますよ」。そして午前9時42分、深い息を吐いて「呼べども呼べども答えせず、劇しき戦いを終わって信ずる神の御許に帰った」。

「その顔は生けるが如く、静寂そのもの。苦痛の跡は微塵も見えない」と完造。お墓は静安寺外人墓地（後に万国公墓に移転）に建立された。仲の良かった夫婦を一緒に葬る比翼塚〝双橋墓〟（めおと墓）だった。右側は完造のために残し、左側に「内山書店創立者　内山美喜子之墓」と刻した。

墓碑は、魯迅とも親しかった夏丏尊《かきそん》が書いた。

「書肆を以って津梁（橋渡し）となし、文化の交互を期す。生きては中華の友

完成したみきの墓比翼塚“双橋墓”を見つめる完造。墓標には「内山書店創立者 内山美喜子之墓」とある。(1945年、上海・静安寺墓地)
= 内山書店・提供 =

となり、没して華中の土となる。ああ、比くの如き夫婦」（「花甲録」、太田直樹・訳）

この年、戦況はますます悪化してきた。日本の敗退は目をおおうばかりで、米英の絶対優勢は明々白々になっていた。上海では、8月11日に日本の無条件降伏が伝えられた。街の中国人は喜びに溢れていた。8月15日正午の天皇の放送で、日本の無条件降伏が動かざる〝事実〟となった。

上海では、この敗戦の決定と共に日本の大使館事務所も総領事館も居留民団もことごとく無責任にも解散してしまった。残されたのは、10万人に及ぶ遺棄された居留民だった。

その6　永住決意するも〝大物〟として強制送還

終戦の正式決定を前に、完造は内山書店の〝終戦処理〟に入った。株主へ出資金を返還、書店の従業員（約30人）に対しては全財産と負債額を公開。魯迅夫人に贈る中用紙150連を除く残りの全資産を従業員全員で分配するように伝えた。

一方で、上海にいる約10万人の日本人は虚脱状態のまま。ほどなく、周辺都市から引き揚げてくる10数万人とも言われる日本人のことも考えなければならなくなった。やむなく中国側との交渉団体として上海日僑自治会が結成され、完造は代表委員に選出される。

この間、10月23日には国民党政府から内山書店が接収された。創立者・みきは1月に亡くなっており、内山書店は名実ともにこれで幕を閉じた。

終戦処理業務は、自治会内に帰国処理部が設けられ、完造は代表委員に選出され、引揚者業務に没頭することになる。12月4日、ともかく第1次引揚げ船「明優丸」が上海を出港するまでにこぎ着けた。

1946年になると、奥地からの引揚者が続々上海に集結する。完造はそれらの世話役に専心していた。この中で、完造は、残留日僑互助会を組織し、自身は中国永住の意志を固めていた。交流のあった中国人文化人等も順次、上海に帰りつつあった。

ところが、国共内戦は激しさを増し、11月に入ると国民党の勢力が上海で強くなってきた。このため、追われた郭沫若夫妻が完造不在中に自宅を訪れ、暗黙の別れの挨拶をして行ったという。

12月5日に夫妻から「香港に無事到着した」との伝言が届き安心した翌朝、完造は日本人33人と共に突然拘束され、強制帰国命令となった。

強制命令については、10月頃から「老板が11月に追い返される」との情報があった。しかし、気にかけていなかったところ、12月6日、周辺があまりに物々しい警備になっているため関係者に聞くと「7日の船で大物を帰らせるのです」の返事。大物とは誰なのかと考えていたところ午後3時頃「ちょっと互助会まで来て下さい」の連絡。顔をのぞけると、そのまま監禁。

噂によると33人にかけられた嫌疑は、国民政府転覆陰謀団でその団長が内山完造ということだったらしい。大物とは完造のことだったのだ。

翌7日、厳重な警備の中、トラックに乗せられ埠頭まで連行され、そのまま引揚げ船「ボゴタ丸」に乗せられてしまった。翌朝、ボゴタ丸は出港した。

甲板に立って完造は、流れゆく長江の水面を見つめながら、中国生活34年を感慨をもって振り返っていた。完造、還暦を過ぎ62歳になっていた。

「私の夢は破れたのだ…」――。

第五部　悲願の日中友好運動

その1　〝内山漫談〟全国行脚スタート

中国・国民党（蒋介石政権）から裸一貫で強制送還させられた完造は、翌年の1948年（昭和23年）2月2日から、いわゆる内山漫談の全国行脚をスタートした。

その前年の1947年12月12日、完造は東京の内山書店に帰り着いたばかりだった。目に飛び込んで来たのは、故国の見渡す限りの惨状だった。「これから如何にすべきか」思案に暮れる中で、完造は、親交のあった岩波書店の小林勇社長を訪ねている。

同書店の創業者である岩波茂雄は、終戦の翌年の1946年4月他界し、後を娘婿の小林が継いでいた。小林の返答は、今こそ日本人に中国の本当の姿を伝える仕事をして欲しい、と言うものだった。

完造自身、日本軍部による中国侵略戦争の実際と結末を見るにつけ、日本再起の出発点は平和を目標として再起する以外に考えられないのではない

東京「内山書店」(一ッ橋時代)の前で。
懐かしい上海当時の真夏服(黒の油布)姿(1950年9月)
= 内山書店・提供 =

東京「内山書店」でくつろぐ完造（1956年秋）
＝内山書店・提供＝

か。それには、隣人を愛すること、つまりお互いが理解しあわなければならない。そこで、何はともあれ、日本人がよく知らなかった中国と中国人の真の姿を、日本人に知らせることが先決ではなかろうか、と考えた。そして、それを、口から口へ伝えていくべきではないか。

加えて「ありがたいことには、全国の各地にいる友人知己が来い来いと言うてくれる」との背景もあった。

こうして、完造の言う〝救出運動〟つまり大胆な全国行脚は計画され、岩波茂雄の出身地である長野県内でのスタートとなった。記念すべき2日の第1回目は、長野県高遠町（現・長野県伊那市高遠町）で、同所の小学校教師等約1000人に内山漫談の講演をした。以来、北は北海道から南は九州まで、この旅は延べ17カ月に及んだ。

これをもう少し詳しく見ると、講演回数は大小合わせて800回、1回1時間半平均とすると合計1200時間に及ぶ。参加者で見ると、1会場、500人は少ない方で多い時は1700人というのもあり、座談会も含めて聴講者の数を概算すると32万人になったとか。この間「1回も病気もしなかった」と言うから正に根性ものである。

ユニークなのは、その独特のスタイル。紺絣の筒袖もんぺ上下、それにステッキ、帽子といった軽装で、全国どこにでもその姿で気軽に出掛けて行った。

内山漫談の人気の秘密は、中国在住30数年に及ぶ生活体験談を基礎とした、ユーモアを交えた独特の〝語り〟だろう。「犬が西向きゃ尾は東」「北のない南はない」といった極当たり前の言葉から、深い体験、哲学を説いていく。この行脚が、これから始まる日中友好運動の底流、地ならしになったことは間違いない。

この全国行脚の後も、完造の漫談は〝かたりべ〟として亡くなる直前まで続けられていく。完造は、経験者として、とにかく後生に伝えなければならないという責任感と焦りがあったのかもしれない。

東京「日中友好文化会議」で司会する完造（1952年9月13日）
＝内山書店・提供＝

その2　日中貿易促進会、日中友好協会設立

日本の敗戦後、国民党と人民解放軍の国共停戦協定が破れ、複雑な内戦状態になっていた中国は、しだいに人民解放軍が優勢となり、１９４９年４月には南京、上海が陥落。遂に同10月１日、毛沢東は北京・天安門楼上で「中華人民共和国」の建国を宣言する。

日本では、これらの中国情勢を受けて、建国宣言前の１９４９年６月には、中日貿易促進会（後に日中貿易促進会と改称）が先行して発足している。完造は代表委員に推されている。

日中友好協会については、１９４８年、全国行脚の途中、完造が中西寛治に呼び掛けて岡山県小田郡矢掛町内に「日中友好協会」の看板が掲げられている。この流れの中で、全国的には１９４９年（昭和24年）10月10日、東京で創立準備大会を立ち上げ、翌１９５０年９月結成大会を開き、正式に発足している。完造は初代の理事長に就任した。

1950年（昭和25年）は、日本の国内情勢も国際関係も大きく動く年になる。元旦早々、関係者は完造の年賀状を見てびっくりした。加藤マサノとの再婚の通知である。賀状には「今度故みきの奇縁につながる加藤マサノと結婚いたしました」とある。マサノとみきは以前から良き友人同士でもあり、マサノ自身「私のすることは、貴方を上海に送って彼女のお墓の中に送り込むだけのことです」と言っており、これが〝奇縁〟の意味だろう。

一方で、アジア情勢は急展開し同年6月朝鮮戦争が勃発。アメリカの極東政策は、台湾政権擁護、中国敵視に動き出す。つれて日本政府も台湾政府を〝中国唯一の正当政府〟とする方向に動いた。特に1957年（昭和32年）に岸政権が誕生以来、中国敵視政策が徹底され、日中友好運動は冬の時代になる。

結局、日中の国交回復は1972年（昭和47年）9月の田中内閣まで持ち越されることになる。この間の友好運動は厳しい環境にさらされ続けた。

その3　完造の漫談行脚を支えた闘士、中西寛治

戦後の日中友好運動を考える時、忘れてはならないのが、中西寛治の存在である。完造の内山漫談の全国行脚も、中西なくしては実行できなかったし、日中友好協会の看板を日本で最初に岡山県矢掛町内に掲げたのも中西だった。完造逝去後も内山完造顕彰会、郭沫若を岡山に迎える会などを立ち上げ、友好運動に一生を捧げた。

二人が知り合ったのは、上海の内山書店である。兄に連れられ孫文のデスマスクを持ち込み、完造の怒りをかったものの、その後は親交を続けた。昭和10年から敗戦をまたいで約20年間の付き合いである。ご当人によると、不思議な因縁で結ばれた〝あざなえる縄のような間柄〟だったそうである。

中西は、1910年（明治43年）、岡山県小田郡矢掛町生まれ。完造の故郷、芳井町とは、ほんのお隣り同士。年齢的には、完造より25年ほど若い。大阪の電鉄会社に勤めたが、労働組合を結成し「中国侵略戦争反対」を唱えたた

上下共　岡山市日中友好協会・提供

完造の銅像前で、
左から4人目が中西
(1988年、井原市)

中西寛治

め、憲兵隊ににらまれ国外追放。中国に渡っている。

中国では、北京や上海を転々とし、嘱託記者時代に、南京事件の惨状を目の当たりにしたという。上海時代に内山書店にも出入り、完造と交流が続いた。終戦後は捕虜収容所に入れられ、昭和21年3月帰還、郷里の矢掛町に帰っていた。

そこに、強制帰国後、東京にいた完造が墓参のため芳井町に帰郷。連絡があり、「日中友好協会」の組織作りを要請された。それをうけて、中西は1948年矢掛町の自宅前に、日中友好協会の看板を掲げた。

中華人民共和国が建国されたのは1949年で、その前年にいち早く友好協会が岡山に設立されたことになる。しかも、日本でもまだ友好協会はどこにもなく、正に画期的なこと。しかし、当時の日本の政治環境は、国民党（台湾政府）支持の立場で、中国共産党の政府はむしろ〝敵対国〟。田舎の街だけに、「〝アカの党〟を支持する」中西への周囲の目は四面楚歌でやりにくかったとか。

結局、中西は、活動拠点を岡山市に移し、全国組織として1950年設立された日中友好協会の岡山県本部初代事務局長として活動することになる。

まず手掛けたのが、完造の〝秘書役〟のような立場で、内山漫談全国行脚の手伝いだった。全国８００カ所というだけに、その行程は、相当なものになる。２０１８年、岡山市日中友好協会による資料整理の中で中西が残していた膨大な記録が出てきた。

内容は、会場、謝礼の金額、参加者の数等々、克明に記録されていた。１日2回の講演があれば、月に40回というのもある。これらのアポイントをとり、日程調整をし、交通費を計算し、決算までする。こんな仕事をこなしていたわけだ。中西の支えなくして、全国行脚は成功しなかったかもしれない。

また、郭沫若を団長とする中国学術文化視察団の来日（１９５５年）と、それに応えるかたちでの岡山県学術文化視察団の訪中（１９５６年）にも、大きな貢献をしている。

しかし、完造逝去後、日本の日中友好運動は大転換期に入る。中ソ対立や中国の文化大革命（１９６６年5月〜）の評価を巡って、政治的に内部対立が起こり日中友好協会自体が分裂。中西は、政治対立の波をうけて、

1963年（昭和38年）に県本部事務局長職を解任されてしまう。

中西は、解任を機に日中友好運動からは身を引き、内山完造顕彰会や郭沫若を岡山に迎える会、郭沫若を偲ぶ会などを立ち上げ、活動を続けた。一方で、分裂騒動を嫌い、市民レベルで日中友好運動と取り組もうと結成された岡山市日中友好協会（1981年設立）には、設立に協力している。

岡山市日中友好協会は、信条として「思想・信条、政党・政派の違いにとらわれない」ことを掲げており、内山精神に通じていると説明している。

内山精神は、中西寛治らを通じて伝えられ、語られ、今も息づいている。最近では神奈川大学で内山完造研究会が立ち上がっており、完造研究は全国レベルに拡大しつつある。

その4　再会…許廣平、周海嬰、郭沫若、田漢

1953年（昭和28年）1月、完造は在華邦人引き揚げ打ち合わせ代表団

郭沫若を岡山に迎えた完造と中西〈左から2人目〉(1955年12月)
= 岡山市日中友好協会・提供 =

原水禁世界大会出席のため初来日した
魯迅夫人・許廣平と再会（1956年8月）
＝内山書店・提供＝

の一員として、北京に入った。敗戦、そして強制送還されて、2度と踏めまいと思っていた大陸に、約5年ぶりに足を踏み入れられたのだ。そして、懐かしい許廣平《きょこうへい》女史、周海嬰《しゅうかいえん》君と再会。郭沫若、田漢、欧陽予倩等〝老朋友〟の出迎えを受けた。感慨も一入だったろう。この訪問で、在留日本人約3万人の帰国の道筋をつけた。

1955年には、中国科学院の院長となっていた郭沫若の招待で日本学術文化視察団が訪中。その返礼として、12月、中国学術文化視察団（郭沫若団長）が来日。完造は、郭団長に終始同行した。岡山には12月14日訪れ、懐かしい六校時代の旧友らと歓談した。

その時、後楽園を訪問し、園内に丹頂鶴がいなくなっていることを寂しがり一句詠んでいる。

後楽園仍在　烏城不可尋願　将丹頂鶴作　対立梅林（一九五五年 冬 郭沫若）

「後楽園はあれど　烏城の姿は今はなし

かわりに丹頂鶴を放して　梅林に配してみたい」

（林秀一・訳）

そして、丹頂鶴の寄贈を約束、翌年つがいの鶴が贈られてきている。

また、中国学術文化視察団の岡山訪問のお返しとして、翌1956年、岡山県学術文化視察団が訪中。当時、訪中していた完造と郭沫若の尽力で、異例ともいえる毛沢東主席との会見が実現している。同年には、5月に梅蘭芳《ばいらんほう》、欧陽予倩等の中国京劇団、8月には許廣平女史を団長とする第2回原水禁世界大会参加の中国代表団が来日。完造は同行し交流している。

11月には、孫文生誕90年記念会に参加のため訪中、上海に行き、魯迅の墓に参拝、合わせて9年ぶりとなる妻・みきの墓参りをしている。

しかし、交流が進んだのはこの辺りまで。1957年（昭和32年）2月岸内閣が登場するに伴って中国敵視政策が目立つようになり、日中関係は断絶状態になってくる。危機感を募らせた日中友好協会では、完造を責任者にした緊急事態打開特別委員会を設置、対策を練った。完造は一環として、再び地方巡回講演を開始している。

完造73歳の飽くなき情熱の発露だった。

第六部　北京に死す、中国大地に抱かれる

その1　療養のため招かれて北京へ

　1959年（昭和34年）、完造は74歳になっていた。今年はことのほか地方巡回講演のスケジュールが詰まっていた。1月は大阪や広島、2月は岡山、3月は福島、宮城、4月は新潟、福井、石川といった調子。

　やっと帰京すると疲れが溜まったのか高熱を出し、病床に伏してしまった。それでも5月にはさらに無理を押して岡崎市で開かれた市民大衆講座に出席、日中友好を強く訴えている。

　完造をそこまで追い詰めたのは、前年の長崎中国国旗侮辱事件（1958年5月）以来、極度に悪化していた日本と中国（中華人民共和国）との関係を何とか改善したいとの強い想いがあったからだろう。

　結局、医師の診断は、当時、不治の病とも言われた肺結核。そのまま入院となり、その後、自宅静養に入っていた。

　7月末、落ち込んでいる完造のもとに、北京から1通の電報が届いた。中

北京に出発前日の笑顔の完造。
これが、日本における老板の最後の温容となった（1959年9月15日）
＝岡山市日中友好協会・提供＝

国人民対外文化協会からだった。内容は「先生ご病気と承わり、私たちは先生が夫人同伴で、療養のため中国に来られるよう、旅費滞在費を負担してお迎えします」だった。

この内容に完造は飛び上がって喜んだ。「私のようなものに対して、こんな親切な招待をして下さるのは、なにかの間違いではないか…」。そして「まったく病気を吹き飛ばしたように元気になりました」。さっそく主治医に話し、再度、胸のレントゲン写真を撮ってみると意外にも「結核の影がまったくなくなっている」との診断になったという。

しかし、現実には、完造の身体は永年の疲労の蓄積や、色々の既往症、老齢に伴う衰えなどを抱え、ボロボロの状態だったのだ。

手間のかかった旅券発行などの手続きを終えて、夫妻が北京へ旅立ったのは、9月16日だった。

羽田空港からの出発に当たって、完造が訪中の意義として発表した声明文である。

「(第一義は) 青年内山完造になって日本に帰り、再び日本と中国との友好運動の先頭に立って働くということ。第二義は、私の墓は上海郊外の万国公墓に、上海内山書店を創立した故妻・美喜子の墓と共に造ってありますので、最後の眠りは、日中友好運動をともに働いている今日の妻・マサノとともに、同穴したいと言うことであります。」

その2　老朋友に囲まれ老板、大陸に没す

北京への旅は、香港、広州、鄭州経由で19日朝、北京に着いた。なじみの友人たちの出迎えを受け、宿舎の新僑飯店に入った。

その夜、完造夫妻は歓迎晩餐会に臨んだ。集まったのは、苦労を共にしてきた老朋友ばかり。マサノ夫人によると「初めから笑い通しの楽しい宴会」だったという。尽きぬ歓談の席上、完造は「右手がブルブルふるえ、顔も紅くなっている」状態で倒れた。脳溢血の発作とみられる。午後8時過ぎだった。

応急手当の後、北京協和病院に入院、翌20日は小康を取り戻したかに見られたが、午後8時40分、マサノ夫人に手を取られながら安らかに帰らぬ人となった。

マサノ夫人は最後の様子をこう書いている。

「前の奥さんのみきさんの名を2度大きな声で呼んだ。そして少し間をおいて私の名を呼んだので〝どうかしましたか〟と言うと〝僕は夢を見ていたのかな〟と私の顔を見ながら〝あんたも一緒に上海に行こうね〟という。〝2、3日もすれば良くなるでしょう〟というとニッコリ笑って眠りに入った。」

追悼会は2日後の22日、北京郊外の東郊殯儀館で行われた。葬儀委員には、廖承志《りょうしょうし》、李徳全《りとくぜん》、許廣平、田漢、西大寺公一、マサノ夫人等が名を連ねた。郭沫若、欧陽予倩ら多数の朋友の献花が続いた。霊棺の遺体は、右手に原稿用紙とペン、左手に聖書と讃美歌を抱かせてもらっていた。

遺骨は、完造が第二の故郷という上海に帰り、実弟の内山嘉吉夫妻らも参加して、26日、埋葬式が行われた。万国公墓にある墓にはすでに、妻・内山みきが眠っている。その中に並んで納められた。

内山完造先生追悼会
（1959年9月20日、北京・東郊殯儀館）

追悼会は国葬級の扱いで、政府要人がズラリ顔を揃え
故人の労に応えた。

完造・みき夫妻が眠る「比翼塚」

□内山完造・みき夫妻の墓碑

内山完造先生
為日中両国
人民的友誼
作出了卓越
貢献精神
永垂不朽

【訳】
内山完造先生は、日中両国人民の友好のために卓越した貢献を果たされた。その精神は永遠に朽ちることがない。（松井三平・訳）

（書は小澤正元、墓碑設置は岡山市日中友好協会）

□内山完造・みき夫妻の墓碑銘

以書肆為津梁
期文化之交互
生為中華友
歿作華中土
吁嗟乎
如比夫婦

【訳】
書肆をもって津梁となし
文化の交互を期す
生きては中華の友となり
没しては華中の土となる
嗚呼かくの如き夫婦

（「津梁」とは物事の橋渡しをすること。夏丏尊の記）

完造は、愛して止まなかった大陸の土地にみきと共に帰った。

第七部　付記　岡山県内の内山完造顕彰活動

内山完造を顕彰しようという動きは、逝去後、比較的早い時期から日中友好協会岡山県本部を中心に持ち上がっていた。当時県本部事務局長は、中西寛治だった。完造は元々、友好協会を最初に立ち上げた人物でもあり、顕彰活動が持ち上がるのは当然のことだった。

完造の逝去を受けて、中西事務局長等は岡山市に働きかけ、記念会館の建設を要望、同市から用地の手配まで進んでいた。この記念会館建設構想は、友好運動自体の分裂騒動や、中西事務局長の解任問題などが重なり、実現に至らなかった。

一方、完造の出身地、後月郡芳井町では、郷土の偉人を讃えようと地区民の間で始まった。完造の生まれた内山家の菩提寺は、同町内の成福寺（井原市芳井町吉井）だった。当時の片山黙仁《もくにん》住職は、檀家の内山家とも懇意で、完造とも旧知の間柄だった。

完造が北京で亡くなる１９５９年（昭和34年）、黙仁住職の求めで、同寺で地区の人たちを前に講演をしている。その貴重な肉声テープが同寺に大事

三木行治岡山県知事を訪問
（1956年3月、知事室）

毛沢東主席との会見。岡山県学術文化視察団。
前列左3人目から郭沫若、林秀一、毛沢東、川崎祐宣、中西寛治。
（1956年11月、北京・「勤政殿」）
＝ 岡山市日中友好協会・提供 ＝

完造の位牌と遺影（芳井町・成福寺）

に保存されている。おそらく生前最後の講演だろう。

この黙仁住職が、先頭に立って地域の人たちに呼び掛けたのが、顕彰活動の始まりとみられる。熱心な活動が実って、１９７７年（昭和52年）、井原市長・芳井町長を、会長・副会長とする「内山完造先生顕彰会」が発足。２年後の１９７９年、完造没後20年を記念した「内山完造頌徳碑」が、井原市の小田川河畔に整備された。

この頌徳碑については、井原市、芳井町を中心に広く募金活動が行われた。碑の東側手には完造像が、西側手には郭沫若の詩文碑が建てられている。詩文は、１９６２年、郭沫若が完造逝去３周年を記念して寄せたもの。完造像はずっと西の中国方面を見据えている。

１９９９年（平成11年）には、岡山県日中友好協会創立50周年記念として、上海の「魯迅記念館」2階に内山書店が再現され、その中に完造の胸像（銅像）が設置された。除幕式には岡山県内外から61人の訪中団が同記念館を訪れ、盛大な式典が行われた。

頌徳碑と完造像
(井原市・小田川河畔)

これをうけて地元・芳井町でも胸像建立の機運が高まり、内山完造先生銅像建立実行委員会が組織され、募金を集め、2000年（平成12年）7月、魯迅記念館と同じ胸像を町民会館（現・芳井生涯学習センター）ロビーに設置した。募金には1477人が協力。町民の大半の世帯が協力するなど、大変な盛り上がりを見せた。

銅像建立を記念した植樹も行われており、その時植えられた「中国産　白松」はすくすくと育ち、「内山完造先生銅像建立記念」と書かれた白い標識を覆うばかりに高く育っている。

2001年（平成13年）には、芳井町に「内山完造顕彰会」（後の「先人顕彰会・井原」）が発足、地道に顕彰活動を続けている。

2008年（平成20年）11月には、先人顕彰会・井原は、漫画本『内山完造の生涯』を発刊している。これは、翌年の内山完造没後50周年記念事業の一環。

没後50周年となる2009年（平成21年）には、5月、芳井町の芳井生涯

銅像建立記念「中国産　白松」
植樹された時は標柱とほぼ同じ高さだった
（芳井町、2000年植樹）

学習センターで記念式典を開催、上海などからの関係者も顔を見せ、魯迅の子息、周海嬰氏が記念講演している。

全国レベルでは、２０１６年（平成28年）から、神奈川大学（横浜市）が、内山完造研究会を立ち上げ、完造研究と取り組んでいる。数年にわたって資料整理と合わせて岡山、大阪、上海など現地調査を実施。２０１９年（令和元年）には、7月に横浜、10月に岡山でシンポジウムを開催、研究状況の報告をしている。

また、同研究会の調査に合わせて、岡山市日中友好協会でも、関係する中西寛治関連の保存資料の整理を進め、内山完造顕彰と取り組んでいる。

〔資料編〕

●書・出版物

●内山完造略年表

●書・出版物

郭沫若書

□郭沫若の内山完造追悼詩

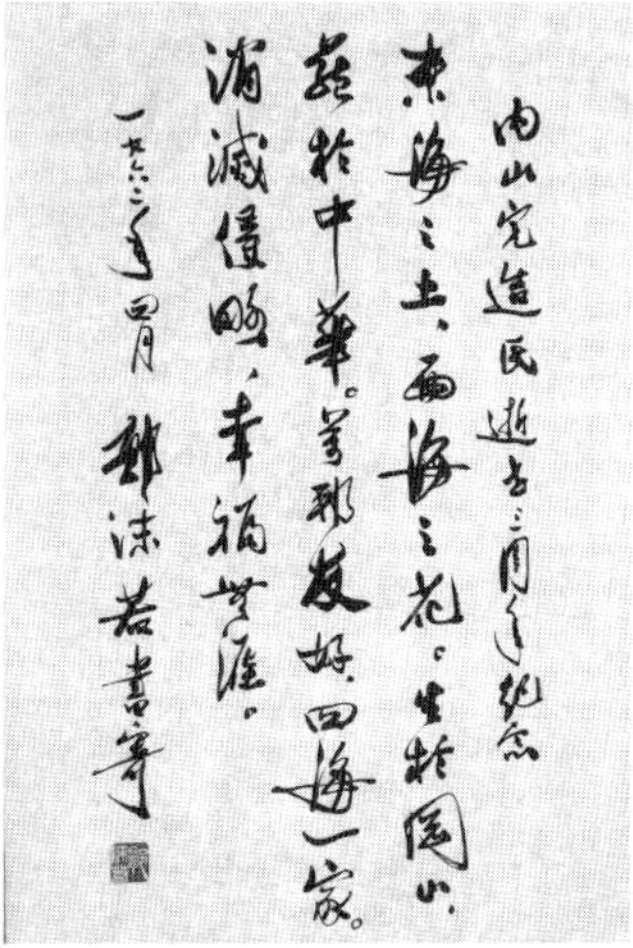

内山完造氏逝去三周年記念
東海之土　西海之花　生於岡山　蘊於中華
万邦友好　四海一家　消滅侵略　幸福無涯

【訳】この人は東海の土であり、西海の花である。日本の岡山に生まれ、中国に於いて知識を蓄え、生涯中国人民の友であった。世界の国々の友好と平和のために、侵略をなくし、人類の幸福のために、かぎりなく尽された人である。

（林秀一・訳）

＝「漫画　内山完造の生涯」より＝

内山完造顕彰会発行
「内山完造の生涯」
(2002年3月)

内山書店情報誌
季刊「鄔其山」
(1985年秋号)
夫妻の写真は「1930年ごろ上海」とある

「上海夜話」
（1940年刊行）

「おなじ血の流れの友よ」
（1948年刊行）

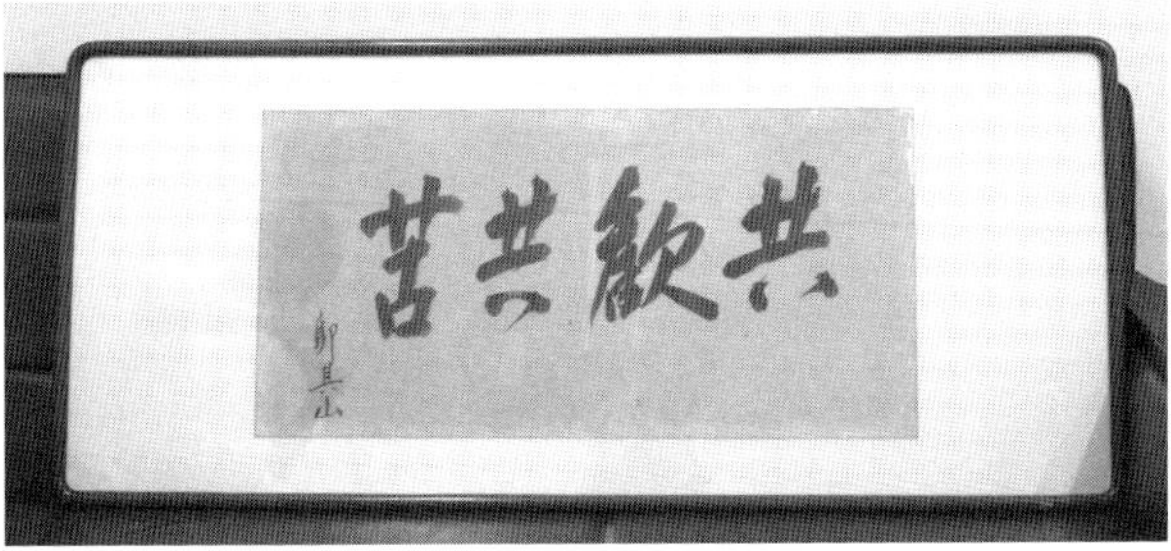

扁額「共歓共苦」。講演の後、激励のためしたためた
（1957年3月）

●内山完造略年表

西暦	和暦	年齢	内山完造の歩み	社会の動き／中国の動向
1885	明治18	0	内山完造誕生（芳井村、1月11日）／生家全焼	天津条約締結（対清国、伊藤博文全権）
1890	23	5	化成尋常小学校入学	
1891	24	6	「子供神楽」仲間入り（道化役マッタリ得意）	
1894	27	9	精研高等小学校入学（井原へ通学）	日清戦争（8月～）
1895	28	10	〝塩辛三幅対〟の一人に	日清戦争終戦（4月）下関条約／三国干渉
1897	30	12	精研高等小学校4年中退／大阪・大塚為三郎商店丁稚（10月）	
1900	33	15	丁稚の最古参に／末弟・嘉吉誕生（12月）	北清事変（義和団の乱、6月）／8カ国連合北京出兵
1901	34	16	破格の昇進（1月）／店の金無断借用発覚／大塚商店解雇／友禅工場に拾われる／故郷に帰郷・お金持出し／赤野三次商店入店（11月）	

西暦	和暦	年齢	内山完造の歩み	社会の動き／中国の動向
1902	明治35	17	〝迷信の徒〟にはまる	魯迅日本に留学（22歳、3月）
1904	37	19		日露戦争（2月〜）
1905	38	20	徴兵検査甲種合格第一補充／旅順陥落を祝し比叡山登山	日露戦争終戦（9月）／孫文来日
1908	41	23		魯迅離日（29歳、8月）
1911	44	26	小谷庄三郎からキリスト教の話を聞く	辛亥革命（10月、孫文等指導）
1912	明治45 大正元	27	「生涯の革命の第1日」京都教会に行きキリスト教入信の決意、煙草入れを投げ捨て（1月31日）／赤野家から「お暇を頂戴」／新聞配達夫に	中華民国建国（1月、孫文が臨時大総統）／清朝滅亡（2月）／袁世凱が臨時大総統に就任（3月）／大正に改元（7月30日〜）
1913	2	28	京都教会で井上みきと遭遇（2月）／参天堂に入社し出張員として上海へ（3月）／上海「日信薬房」着任（3月24日）／現地活動開始／現地報告のため本社へ（11月）	郭沫若日本に留学（12月）

1914	3	29	目薬1万箱の寄贈進言（1月）／キリスト教の洗礼を京都教会で（11月）	桜島大噴火（1月）／第1次世界大戦（7月）
1915	4	30	井上みきと婚約式（2月）	対華21カ条要求（1月）／排日救国抗議運動／郭沫若六高入学（9月）
1916	5	31	井上みきと結婚式（1月）／夫婦で上海居住（1月～）	
1917	6	32	上海に内職「内山書店」誕生（5月）	日貨ボイコット下火に／ロシア革命
1918	7	33	大学目薬販売好調／内山書店信頼獲得	郭沫若六高卒業／第1次世界大戦終結（11月）
1919	8	34	書店経営に重点／新刊書案内「誘惑状」発行	抗日反帝「五・四運動」（5月）
1920	9	35	YMCA夏期講座開催	
1921	10	36	内山書店店員第1号採用	中国共産党創立（7月、上海）

西暦	和暦	年齢	内山完造の歩み	社会の動き／中国の動向
1923	大正12	38	内山書店日中文化人サロン「漫談会」好評発展／機関誌「万華鏡」発行／「鄔其山」の筆名で〝漫筆〟振るう	関東大震災（9月1日）
1924	13	39	内山書店店舗拡大〝一流書店〟に（向かいの空家確保）	第1次国共合作（1月）
1926	大正15 昭和元	41	谷崎潤一郎来店・顔つなぎの会／日中文化人の交流窓口に	魯迅北京から厦門へ（8月）昭和に改元（12月25日～）
1927	2	42	魯迅との出会い（10月）／郭沫若を一時内山書店で庇護／「円本ブーム」で出版界大盛況	張作霖爆死事件（6月）
1928	3	43		郭沫若日本（千葉・市川）に亡命（2月）
1929	4	44	内山書店表通りに進出／日語学会設立	世界恐慌・ウォール街大暴落（10月）
1930	5	45	参天堂と絶縁／書店経営に専念／第1回版画展／魯迅一家内山宅に避難	内村鑑三没（3月）／蒋介石軍第一次掃共戦開始（12月）

1931	6	46	内山嘉吉が上海訪問（8月）／版画講習会／上海童話協会結成／魯迅一家を庇護	満州事変（柳条溝事件）勃発（9月18日）／上海で抗日大集会
1932	7	47	現地邦人間に〃内山はスパイ〃の噂も／一時帰国	第1次上海事変（1月）／満州国建国宣言（3月）
1933	8	48	母・直病気のため芳井に見舞いに一時帰国	日本国際連盟脱退（3月）
1935	10	50	東京内山書店開店（10月、内山嘉吉）／処女作「生ける支那の姿」出版（11月）／岩波茂雄が魯迅と面談	
1936	11	51	魯迅逝去（10月19日）葬儀委員に	西安事件（蒋介石を拉致監禁、12月）
1937	12	52	母・直郷里で死去（7月14日）／一時帰国（8月）／久松署で検束（9月）	盧溝橋事件（7月）／日中両国全面戦争に突入（8月）／郭沫若日本脱出

西暦	和暦	年齢	内山完造の歩み	社会の動き／中国の動向
1938	昭和13	53	満州各地で巡回講演（2、3月）／妻・みきの療養のため長崎へ（長崎内山書店開設）／「上海漫語」出版（12月）	
1939	14	54	内山書店好調	ノモンハン事件（5月）／第2次世界大戦（9月）
1940	15	55	「上海夜話」出版（3月）	日独伊三国同盟（9月）
1941	16	56	長崎から夫婦して上海に復帰／「上海風語」出版（8月）／許廣平女史を憲兵隊本部から救出（12月）	太平洋戦争（真珠湾攻撃12月8日～）
1942	17	57	「上海霖語」出版（10月）	
1944	19	59	「上海汗語」出版（3月）／内山書店漫談会健在	
1945	20	60	妻・みき死去（1月13日）／上海日僑自治会代表委員（9月）／内山書店接収／第1次引揚船「明優丸」出港（12月4日）	日本無条件降伏（8月15日）／重慶で蒋介石・毛沢東会談（8月）

1946	21	61	中国永住の決意で残留日僑互助会設立（6月）／岩波茂雄没（4月）	中国・国共内戦再開（7月）
1947	22	62	日本に強制送還（12月8日）／東京に帰還（12月16日）	
1948	23	63	中国漫談行脚スタート（長野県高遠、2月2日）／「同じ血の流れの友よ」出版（10月）	
1949	24	64	中日貿易促進会結成（後の日中貿易促進会、6月）／「そんへえ・おおへえ」出版（9月）／日中友好協会創立準備大会（10月）	中華人民共和国建国（10月）
1950	25	65	加藤マサノ（真野）と再婚（1月）／日中友好協会結成大会（内山完造理事長、9月）	朝鮮戦争勃発（6月25日）
1951	26	66		サンフランシスコ対日平和条約（9月）／台湾政権を中国の正当政府と認める（吉田書簡）

西暦	和暦	年齢	内山完造の歩み	社会の動き／中国の動向
1952	昭和27	67	鹿地亘釈放運動（12月7日釈放）	日台平和条約（4月）
1953	28	68	在華邦人引揚打合せ代表団の一員として訪中（1月）／「両辺倒」出版（4月）	朝鮮戦争休戦（7月27日）
1954	29	69	学術文化代表団、婦人代表団訪中（10月）／中国紅十字社一行来日（李徳全女史、11月）	
1955	30	70	日本学術視察団訪中（5月）／「平均有銭」出版（5月）／中国学術視察団来日（郭沫若団長、12月）	
1956	31	71	原水禁世界大会参加の中国代表団来日（許廣平団長、8月）／孫文生誕90周年記念会出席（11月）／岡山県学術文化視察団訪中（11月）	
1957	32	72		岸信介内閣誕生（2月）

1958	33	73	地方巡回講演再開	長崎国旗侮辱事件（5月）／日中関係断絶状態に
1959	34	74	芳井・成福寺で講演（5月）／内山療養のため訪中（9月）／内山完造没（北京、9月20日）／追悼会（北京、9月22日）／日中友好葬（東京、11月16日）	
1960	35		「花甲録」出版（9月）	

（作成・猪木正実）

〔参考文献〕

花甲録（内山完造・著、岩波書店）▽そんへえ・おおへえ（内山完造・著、岩波書店）▽上海夜話（内山完造・著、改造社）▽上海漫語（内山完造・著、改造社）▽両辺倒（内山完造・著、書肆心水）▽魯迅の思い出（内山完造・著、内山嘉吉・編、社会思想社）▽上海霖語（内山完造・著、講談社）▽おなじ血の流れの友よ（内山完造・著、中国文化協会）

・季刊「鄔其山」№９（内山書店）
・高梁川№30号「内山完造特集」（高梁川流域連盟）
・内山完造の生涯（内山完造顕彰会）
・漫画　内山完造の生涯（南一平・作画、先人顕彰会・井原）
・月刊ＲＳＫ（昭和52年）「伝記　内山完造」（山陽放送）
・内山完造伝（小澤正元・著、番町書房）
・岡山市日中友好協会設立30周年記念誌（岡山市日中友好協会）
・川崎祐宣の遺産（川崎医療福祉資料館）

《取材・写真協力頂いた方々》

内山書店（内山籬会長）
吉井山成福寺（片岡良仁住職）
神奈川大学内山完造研究会
岡山市日中友好協会（松井三平専務理事）
吉備路文学館

おわりに

私が内山完造翁に興味をもったのは、翁と同郷だったからである。翁は芳井町、私は大江町、いずれも現在の井原市。もう一つ、翁と共に、魯迅の最期を看取った須藤五百三主治医も岡山人（成羽町）。同郷のよしみである。

東京の内山書店（東京都千代田区神田神保町1-15）では、内山籬《うちやままがき》会長にお話しをお聞きし、写真も見せていただいた。籬さんは、完造の末弟、内山嘉吉さんのお子さんである。店舗は、書店が軒を連ねる神田・すずらん通りにあり、落ち着いた雰囲気の「中国・アジアの本」専門書店だった。

芳井町では、内山家の菩提寺の成福寺で、片岡良仁住職から、貴重なお話しをお伺いした。同寺には、完造の位牌がある。完造はクリスチャンだが、完造の顕彰活動に取り組んでいた父の黙仁和尚が、独自に位牌を作り、礼拝を始めたという。完造のにこやかな遺影と共に本堂にお祀りされており、参拝させていただいた。

ひとつ確信が持てなかったのは、完造がキリスト教への入信を決断した心の動きである。何を以て決断したのか。

津山市出身の作家、棟田博も伝記「内山完造」（月刊RSK、昭和52年版）の中で「無宗教者がキリスト者になるその転機は、いったい、なんであったのだろう」と問いかけている。

棟田自身は従軍作家として火野葦平と共に、上海の内山書店を訪ね、完造と会っている。例の漫談の場所で、玉露を飲みながら。

完造は、過去について書き、語っているが「そのどこにも、転機の〝なにか〟が述べられていない」（棟田）という。その〝なにか〟は、私も残念ながらつかめなかった。

取材にあたって岡山市日中友好協会、吉備路文学館など、多くの関係の皆様には大変お世話になりました。深くお礼申し上げます。

ありがとうございました。

猪木正実

著者略歴　猪木正実（いのき・まさみ）

1945（昭和20）年3月、岡山県井原市生まれ。県立井原高校から九州国際大学法経学部卒。国際法専攻。昭和44年3月、㈱岡山日日新聞社入社。報道部で岡山市政、岡山県政、経済を担当。同56年3月、㈱瀬戸内海経済レポートに転籍。同63年4月から編集長。常務取締役を経て平成20年4月から顧問。主な著書（岡山文庫）『土光敏夫の世界』『守分 十の世界』『三木行治の世界』『人見絹枝の世界』ほか。

岡山文庫　319　日中友好に生涯を捧げた岡山人
内山完造の世界

令和2年10月19日　初版発行

著　者　猪　木　正　実
編　集　石井編集事務所書肆亥工房
発行者　黒　田　節
印刷所　株式会社二鶴堂

発行所　岡山市北区伊島町一丁目4-23　日本文教出版株式会社
電話岡山（086）252-3175㈹　振替01210-5-4180（〒700-0016）
http://www.n-bun.com/

ISBN978-4-8212-5319-7
＊本書の無断転載を禁じます。

EYE LOVE EYE
視覚障害その他の理由で活字のままでこの本を利用できない人のために，営利を目的とする場合を除き「録音図書」「点字図書」「拡大写本」等の製作をすることを認めます。その際は著作権者，または，出版社まで御連絡ください。

● 岡山県の百科事典

二百万人の

岡山文庫

○数字は品切れ

1. 岡山の植物・西原礼之助
2. 岡山の祭と踊・神野力
(3.) 岡山の焼物・桂又三郎
(4.) 岡山の古墳・鎌木義昌
5. 岡山の民家・鶴藤鹿忠
6. 岡山の文学碑・山本遺太郎
7. 岡山の仏たち・脇田秀太郎
8. 岡山の動物・松本邦夫
9. 岡山の鳥・杉鮫太郎
10. 大原美術館・藤田慎一郎
11. 岡山後楽園・宗定克則・杉鮫太郎
12. 岡山歳時記・吉岡三平
13. 岡山の建築・巌津政右衛門
(14.) 瀬戸内海・緑川洋一
15. 岡山の民芸・外村吉之介
(16.) 吉備路・神野力
17. 岡山の魚・青木五郎
18. 岡山の昆虫・倉敷昆虫同好会
19. 岡山の城と城址・藤井駿・市川俊介
(20.) 岡山の果物・三宅忠一
21. 岡山の風物・岡山県広報協会
22. 吉備の女性・吉岡三平
(23.) 岡山の伝説・立石憲利
24. 岡山の酒・小出巌・西原礼之助
(25.) 岡山の街道・山陽新聞社
(26.) 岡山の絵画・脇田秀太郎・巌津政右衛門
(27.) 水島臨海工業地帯・平方与平
(28.) 岡山の旅・岡山県観光連盟
29. 蒜山高原・二若・富国・徳山
30. 岡山の歌謡・英玲二
(31.) 岡山の遺跡めぐり・間壁忠彦・葭子
(32.) 備前焼・小山冨士夫・藤原雄・中村昭夫
33. 岡山文学風土記・大岩徳二
(34.) 美作路・小山健三
35. 岡山の俳句・塩尻青笳・島津青沙
36. 岡山音楽夜話・保田太郎
37. 閑谷学校・巌津政右衛門・坂本一夫
38. 岡山の川柳・弓削川柳社
39. 岡山の民話・岡山民話の会
(40.) 岡山の刀剣・小林種次
41. 岡山の短歌・杉鮫太郎・藤原幾太郎
42. 岡山の医学・中山沃
43. 岡山の蘭草・鈴木尚夫・中村昭夫
(44.) 岡山の人物・黒崎秀明
(45.) 岡山の駅・難波数丸
46. 岡山の現代詩・坂本明子
47. 岡山の交通・藤沢晋
(48.) 岡山の教育・秋山和夫
(49.) 備中神楽・山根堅一・坂本一夫
50. 岡山の民具・鶴藤鹿忠
(51.) 岡山の宗教・長光徳和
52. 吉備津神社・藤井駿・坂本一夫
53. 岡山の貨幣・原三正
(54.) 岡山の古戦場・多和和彦
55. 岡山の石造美術・巌津政右衛門
(56.) 岡山の方言・十河直樹
57. 岡山の歴史・柴田一
58. 岡山事物起源・吉岡三平
(59.) 高梁川・宗田克巳
(60.) 岡山の干拓・吉岡三平・進昌三
61. 岡山の電信電話・萩野秀
62. 吉備高原・宗田克巳
63. 岡山のおもちゃ・吉永義光
64. 吉井川・宗田克巳
65. 岡山の港・巌津政右衛門
66. 岡山の絵馬と扁額・脇田秀太郎
(67.) 旭川・宗田克巳
68. 岡山の温泉・石井猛・圓堂稔
69. 岡山の県政史・蓬郷巌
70. 岡山の道しるべ・巌津政右衛門
71. 岡山の笑い話・稲田浩二・和子
72. 美作の歌舞伎芝居・二宮朔山
(73.) 岡山の民間信仰・三浦秀宥
(74.) 岡山の奇人変人・蓬郷巌
75. 岡山の食習俗・鶴藤鹿忠
76. 岡山の明治洋風建築・中力昭
77. 山陽路の地理散歩・宗田克巳
(78.) 岡山の風俗・蓬郷巌
79. 岡山の海藻・大森長朗
(80.) 岡山の書・佐藤英夫
81. 岡山浮世噺・岡長平
82. 岡山の神社仏閣・市川俊介
83. 中国山地・三浦秀宥・竹内平吉郎
(84.) 岡山の島・巌津政右衛門
85. 岡山の山と峠・宗田克巳
86. 吉備の石ぶみ・井上雄風
(87.) 岡山の怪談・佐藤米司
88. 岡山の自然公園・山陽カメラクラブ
89. 岡山の漁業・西川太
90. 岡山の天文気象・石田五郎・佐橋謙
91. 岡山の郵便・萩野秀
(92.) 岡山の鉱物・沼野忠之
93. 岡山のふるさと村・巌津政右衛門
94. 岡山の経済散歩・吉永義光
95. 岡山の庭・山本利幸・前田勝也
96. 岡山の匠・浅原健
97. 岡山の童うたと遊び・立石憲利
98. 岡山の衣服・福尾美夜
(99.) 岡山の民俗・土井卓治・佐藤米司・鶴藤鹿忠
(100.) 岡山の樹木・西原礼之助・古屋野寛

101. 岡山と朝鮮・西川　宏
102. 岡山の和紙・臼井英治
103. 岡山の艶笑譚・立石憲利
104. 岡山の文学アルバム・山本遺太郎
105. 岡山の映画・松田完一
106. 岡山の石仏・巌津政右衛門
107. 岡山の橋・宗田克巳
108. 岡山のエスペラント・岡　一太
109. 岡山の狂歌・蓬郷　巌
110. 百間川・岡山の自然を守る会
111. 夢二のふるさと・真田芳夫 葛原茂樹
112. 岡山の梵鐘・川端定三郎
113. 岡山の演劇・山本遺太郎
114. 岡山話の散歩・岡　長平
115. 岡山地名考・宗田克巳
116. 岡山の戦災・野村増一
117. 岡山の町人・片山新助
118. 岡山の会陽・三浦　叶
119. 岡山の石・宗田克巳
120. 岡山の滝と渓谷・川端定三郎
121. 岡山の味風土記・岡　長平
122. 目でみる岡山の明治・巌津政右衛門
123. 岡山の散歩道東西・佐藤米司
124. 目でみる岡山の大正・蓬郷　巌
125. 児島湾・同前峰雄
126. 岡山の庶民夜話・佐上静夫
127. 岡山の修験道の祭・川端定三郎
128. 目でみる岡山の昭和Ⅰ・蓬郷　巌
129. 岡山のふるさと雑話・佐上静夫
130. 岡山のことわざ・佐藤・次田 竹内・福尾
131. 目でみる岡山の昭和Ⅱ・蓬郷　巌
132. 瀬戸大橋・ＯＨＫ編
133. 岡山の路上観察・香川・河原
134. 岡山の相撲・二宮朔山
135. 岡山の古文献・中野美智子
136. 岡山の門・小出公大
137. 岡山の内田百閒・岡　将男
138. 岡山の彫像・蓬郷　巌
139. 岡山の名水・川端定三郎
140. 両備バス沿線・両備バス広報室
141. 岡山の明治の雑誌・片山・来田 菱川
142. 岡山の災害・蓬郷　巌
143. 岡山の看板・河原　馨
144. 由加山・原　三正
145. 岡山の祭祀遺跡・八木敏乗
146. 岡山の表町・岡山を語る会
147. 逸見東洋の世界・臼井洋輔
148. 岡山ぶらり散策・河原　馨
149. 岡山名勝負物語・久保三千雄
150. 坪田譲治の世界・善太と三平の会
151. 備前の霊場めぐり・川端定三郎
152. 藤戸・原　三正
153. 矢掛の本陣と脇本陣・武・中山・岡田 池田・柴口
154. 岡山の図書館・黒崎義博
155. 岡山の戦国時代・松本幸子
156. 岡山の資料館・河原　馨
157. カブトガニ・惣路紀通
158. 正阿弥勝義の世界・臼井洋輔
159. 木山捷平の世界・定金恒次
160. 岡山の備前ばらずし・窪田清一
161. 良寛さんと玉島・森脇正之
162. 備中の霊場めぐり・川端定三郎
163. 岡山の多層塔・小出公大
164. 六高ものがたり・小林宏行
165. 下電バス沿線・下電編集室
166. 岡山の博物館めぐり・川端定三郎
167. 岡山の民間療法(上)・鶴藤鹿忠 竹内平吉郎
168. 吉備高原都市・小出公大
169. 玉島風土記・森脇正之
170. 洋学者箕作阮甫とその一族・木村岩治
171. 夢二郷土美術館・松田基 楢原雄一
172. 岡山のダム・川端定三郎
173. 岡山の森林公園・河原　馨
174. 宇田川家のひとびと・水田楽男
175. 岡山の民間療法(下)・鶴藤鹿忠 竹内平吉郎
176. 岡山の温泉めぐり・川端定三郎
177. 阪谷朗廬の世界・山下五樹
178. 目玉の松ちゃん・尾上松之助 中村房吉
179. 吉備ものがたり(上)・市川俊介
180. 中鉄バス沿線・中鉄バス㈱企画部
181. 飛翔と回帰—国吉康雄の西洋と東洋・小澤善雄
182. 岡山の智頭線・河原　馨
183. 出雲街道・片山　薫
184. 備中高松城の水攻め・市川俊介
185. 美作の霊場めぐり・川端定三郎
186. 吉備ものがたり(下)・市川俊介
187. 津山の散策ひがしにし・黒田　晋 竹内平吉郎
188. 倉敷福山と安養寺・前川　満
189. 鷲羽山・山本慶一 西田正憲
190. 和気清麻呂・仙田　実
191. 岡山たべもの歳時記・鶴藤鹿忠
192. 岡山の源平合戦談・市川俊介
193. 岡山の氏神様・二宮朔山
194. 岡山の乗り物・蓬郷　巌
195. 岡山・備前地域の寺・川端定三郎
196. 岡山ハイカラ建築の旅・河原　馨
197. 牛《うし》窓《まど》を歩く・前川　満
198. 岡山のレジャー地・倉敷ぶんか倶楽部
199. 斉藤真一の世界・斉藤裕重 イシイ省三
200. 巧匠 平櫛田中・原田純彦

201. 総社の散策・神野　力・葛原克人・加藤信二
202. 岡山の路面電車・楢原雄一
203. 岡山ふだんの食事・鶴藤鹿忠
204. 岡山のふるさと市・倉敷ぶんか倶楽部
205. 岡山の流れ橋・渡邉隆男
206. 岡山の河川拓本散策・坂本亜紀児
207. 備前を歩く・前川　満
208. 岡山言葉の地図・今石元久
209. 岡山の和菓子・太郎良裕子
210. 吉備真備の世界・中山　薫
211. 柵原散策・片山　薫
212. 岡山の岩石・野瀬重人・沼野忠之
213. 岡山の能・狂言・金関　猛
214. 岡山の鏝絵・赤松壽郎
215. 山田方谷の世界・朝森　要
216. 岡山おもしろウオッチング・おかやま路上観察学会
217. 岡山の通過儀礼・鶴藤鹿忠
218. 日生を歩く・前川　満
219. 備北・美作地域の寺・川端定三郎
220. 岡山の親柱と高欄・渡邉隆男
221. 西東三鬼の世界・小見山輝
222. 岡山の花粉症・三好・難波・岡・岡野・山本
223. 操山を歩く・谷淵陽一
224. おかやま山陽道の拓本散策・坂本亜紀児
225. 霊山熊山・仙田　実
226. 岡山の正月儀礼・鶴藤鹿忠
227. 原子物理学の父 仁科芳雄・井上　泉・イシイ省三
228. 赤松月船の世界・定金恒次
229. 邑久を歩く・前川　満
230. 岡山の宝箱・臼井洋輔・臼井隆子
231. 平賀元義を歩く・渡部秀人・竹内佑宜
232. 岡山の中学校運動場・奥田澄二
233. おかやまの桃太郎・市川俊介
234. 岡山のイコン・植田心壮
235. 神島八十八ヶ所・坂本亜紀児
236. 倉敷ぶらり散策・倉敷ぶんか倶楽部
237. 作州津山 維新事情・竹内佑宜
238. 坂田一男と素描・妹尾克己・イシイ省三
239. 岡山の作物文化誌・臼井英治
240. 児島八十八ヶ所霊場巡り・倉敷ぶんか倶楽部
241. 岡山の花ごよみ・前川　満
242. 英語の達人・本田増次郎・小原　孝
243. 城下町勝山ぶらり散策・橋本惣司・倉敷ぶんか倶楽部
244. 高梁の散策・朝森　要
245. 薄田泣菫の世界・黒田えみ
246. 岡山の動物昔話・立石憲利・江草昭治
247. 岡山の木造校舎・河原　馨
248. 玉島界隈ぶらり散策・小野敏也・倉敷ぶんか倶楽部
249. 岡山の石橋・北脇義友
250. 哲西の先覚者・加藤章三
251. 作州画人伝・竹内佑宜
252. 笠岡諸島ぶらり散策・NPO法人かさおか島づくり海社
253. 磯崎眠亀と錦莞莚・吉原　睦
254. 岡山の考現学・おかやま路上観察学会
255. 「備中吹屋」を歩く・前川　満
256. 上道郡沖新田・安倉清博
257. 続・岡山の作物文化誌・臼井英治
258. 土光敏夫の世界・猪木正実
259. 吉備のたたら・岡山地名研究会
260. いろはで綴る ボクの子供事典・赤枝郁郎
261. 民話の里 鏡野町伝説紀行・立石憲利・片田知宏
262. 笠岡界隈ぶらり散策・ぶらり笠岡友の会
263. つやま自然のふしぎ館・森本信一
264. 岡山の山野草と野生ラン・小林克己
265. 文化探検 岡山の甲冑・臼井洋輔
266. ママカリ ヒラに まったりサーラ・窪田清一
267. 岡山の駅舎・河原　馨
268. 守分十の世界・猪木正実
269. 備中売薬・土岐隆信・木下　浩
270. 倉敷市立美術館・倉敷市立美術館
271. 津田永忠の新田開発の心・柴田　一
272. 岡山ぶらりスケッチ紀行・南　一平・網本善光
273. 倉敷美観地区 歴史と民俗・吉原　睦
274. 森田思軒の世界・倉敷ぶんか倶楽部
275. 三木行治の世界・猪木正実
276. 岡山路面電車各駅街歩き・倉敷ぶんか倶楽部
277. 赤磐きらり散策・高畑富子
278. 岡山民俗館 民具一〇〇選・岡山民俗学会
279. 笠岡市立竹喬美術館・笠岡市立竹喬美術館
280. 岡山の夏目金之助（漱石）・横山俊之・熊代正英
281. 吉備の中山を歩く・熊代哲士・熊代建治
282. 備前刀 日本刀の王者・佐藤寛介・植野哲也
283. 繊維王国おかやま今昔・猪木正実
284. 温羅伝説・中山　薫
285. 現代の歌聖 清水比庵・笠岡市立竹喬美術館
286. 鴨方往来拓本散策・坂本亜紀児
287. 玉島旧柚木家ゆかりの人々・倉敷ぶんか倶楽部
288. カバヤ児童文庫の世界・岡　長平
289. 野﨑邸と野﨑武左衛門・猪木正実
290. 岡山の妖怪事典 妖怪編・木下　浩
291. 松村緑の世界・黒田えみ
292. 吉備線各駅ぶらり散策・倉敷ぶんか倶楽部
293. 「郷原漆器」復興の歩み・高山雅之
294. 作家たちの心のふるさと・加藤章三
295. 自画像の異彩画家 河原修平の世界・倉敷ぶんか倶楽部
296. 岡山の妖怪事典 鬼・天狗・河童編・木下　浩
297. 歴史・伝承・文学・アート 岡山の魅力再発見・柳生尚志
298. 井原石造物歴史散策・大島千鶴
299. 岡山の銀行 合併・淘汰の150年・猪木正実
300. 吹屋ベンガラ・臼井洋輔